楚簡《老子》柬釋

魏啓鵬　著

目　　錄

饒序

王序

楚簡《老子》柬釋　**1**

　甲組　*3*

　乙組　*39*

　丙組　*57*

楚簡《太一生水》箋注　**67**

研究札記　**81**

　〝大成若詘〞考辨——讀楚簡《老子》札記之一　*83*

　《太一生水》札記　*89*

附錄　**101**

　帛書《道原》注釋　*103*

　《管子・水地》新探　*113*

通假字匯解　**125**

部首檢字　**201**

本書所用考訂書目　**211**

楚簡《老子》摹本　**219**

楚簡《太一生水》摹本　**269**

跋　**279**

饒序

荆門市郭店楚簡出土，爲近年學術界一大事。今歲六月其報告終於在北大百年慶典漢學會議中發行面世。諸殘簡內容，除老子三組三十一章之外，復有儒書多篇，以《禮記・緇衣》最爲完整，及近似格言文句，頗類《淮南子・說林》，整理者命曰「語叢」，共若干則。惜墓主名氏莫明，僅知其人爲東宮之師。伴出又有七絃琴一具，可推知其能操縵，必嫻習古樂者。

遺簡以“語叢”爲罕見，余疑殆莊生所謂“重言十七”之類。《天下篇》云：“以重言爲真”；《寓言篇》解“重言”者所以已言也，是爲耆艾。成玄英疏：“重，尊老也。”《淮南・脩務訓》謂“世俗之人多尊古”，前賢之格言，垂訓方來，老、莊之所重。今觀其語：“凡勿（物）壂（由）望（亡）生”，前後兩見，即老氏所云“萬物生于有，有生于無”；又“多好者，亡好者也。”即老氏之“多藏必厚亡”之旨。他如“竊鉤者戝（誅），竊邦者爲者侯，者侯之門，義士之所廌（荐）。”即《莊子・胠篋》之諸侯之門，而仁義存，語亦見《史記・遊俠傳》，蓋古語有之。又“志於衍”、“遊於埶”、“亡意亡古（固）亡我亡必”之於同於《論語》，具見其原出前古一耆艾之重言，孔子、老、莊均有所沿襲也。此一新義爲曩日之所未知。

郭店簡既流行，學人無不重視，先後在美國及北京疊有討論會舉行，就中以儒家文獻反成爲揚搉之焦點，而老子則僅注重校勘方法，零星意見，未受到深入措意，至於全面整理，更談不到。

本年十月，余來成都，十四日訪問四川大學，與魏啓鵬教授相値。魏君袖出《郭店本老子柬釋》一書手稿，屬爲弁言。記前此馬王堆漢墓帛書出土，其中佚書涉及思孟思想者，君首先奮筆撰成《德行校釋》，久已風行海內外。今復先人著鞭，爲此新著。君精力過絕人，記誦浩博，所造深醇，非淺學可望其項背。此書余細讀之，語多審諦，凡所理董，時見勝義，試舉一例論之：

郭店本首章“三言以爲叀不足”句，整理者讀叀爲弁（辨），君改讀爲使，引《佚周書·謚法》“治民克盡曰使”。余按此說是。簡文叀字頻見，他處均釋使。《語叢》二0、二一云：“善叀（使）民者，若四時一遣一坴而民弗害也。”即《論語·學而》“節用而愛人，使民以時”之義。古之重言有此，而孔子因之。此章文字與各本大異，尤以“絕憍（僞）弃慮（怍＝詐），民复孝子（慈）”句 與馬王堆甲乙本、今本之作“絕仁棄義”，懸殊最甚。今從此簡，老子乃反對詐僞，非棄絕仁義也。各本之作絕仁棄義，或後來取莊子之說而改易之。此三句之後咸標『■』符，不知用意何居，有待細究。本章河上本列第十九，主旨在抱樸少私，豈抄寫者以老氏鄭重其義，故列於其首歟？下爲第六十六章，及第四十六章：“辠莫厚虐（乎）甚欲，咎莫僉（憯）虐谷（欲）得，化（即૬ ＝禍）莫大虐不知足。”此三句平列，均用‘莫’字；而欲字異形，欲用作名詞，或寫作忩。（語叢“忩生於眚（性）”）此章前三句《韓非·喻老、解老》兩篇皆引用其言，並舉出事例以說明之，足見戰國時人讀老氏書之體會，所重不在玄言，而在實用。與郭店本抄寫者用意相若。《韓詩外傳九》亦引作“禍莫大於多欲”。諸碑及敦煌本均作‘可’欲。（王弼本缺此句，殊非。）與馬王堆本同，韓非兩文亦作‘可欲’。去私、寡欲爲儒、道、法三家所共遵行，所有‘甚欲’、‘可欲’、‘多欲’，欲上一字爲形容詞或副詞，文例正一致。魏君援文十八年傳“侵欲崇侈”，讀甚爲侵，視爲平列動詞，似可不必。訓詁不能純取聲音假借，於語法文例更不當忽視也。

郭店本老子雖非足本，但至今確爲出土之第一本，比馬王堆本之爲漢文帝時物更前，去老子年代最近。雖不能視作柱下原本之舊觀，其價值之高，迥非他本可比。今得魏君《柬釋》，誠蓽路襤褸之作，爲郭店此本開出坦途，大有裨於老學。爰不辭譾陋，試爲喤引，黃鐘之響，無待寸莛；俾承學之士，有所津逮，則區區之微意云爾。

一九九八年十一月　饒宗頤

王 序

莊子〈逍遙遊〉以鯤鵬擊水象徵日月之回歸，表陰陽之時序。魏公之文，其如斯乎？

初讀魏公《馬王堆帛書》諸校釋，敬其博洽。今讀《郭店楚簡老子柬釋》，尤服其精審。以古義考哲學史，自丁山、陳夢家、饒宗頤、李學勤諸師以來，從古文字學、出土文獻考尋新證，揭示本義，爲研究者鑿開渾沌。啓鵬效其審諟，探索考證如爝火不息，誠能折射日月之光華。惜川圖田宜超，吾亡友也，亦撰《老子戰國古義》，精審博引，三稿皆沉諸幽室。今欣見楚簡老聃書，又啓聃翁原旨，幸甚！幸甚！

《老子》一書，註解百千，可以說是周秦以至今日一部哲學思想史之歷程。先師蒙文通早誨及之。一則古今文字語詞之變，隨時義而解之，往往望文生義；二則借《五千文》以發一己之微言，實宏各己之了義；三則爲彼時帝王政治左右，曲學符應當朝；四則爲一時代學風、觀念之框架藩籬所困囿。雖然如此，《老子》之爲天下谷，容百川之歸海，亦岫雲摶天之普雨也。一部老學史足徵傳統思想之演化，可尋中華文化之根蒂。

司馬談《論六家之要指》推崇道家，司馬遷則爲一代儒師。儒家“修身，齊家，治國，平天下”，實即《老子》五十四章修觀之直承，故仲尼問禮，漢畫像石著之。韓非解老，已應秦王之變法。自河上公章句、嚴君平指歸，皆主正心誠意以符於天之道。“爲道日‘損’，爲學日‘益’”已有易卦之釋。“道沖而用之或不盈”已同於“一陰一陽之謂道”。（皆源於日月，鯤鵬，玄牝。）後有成玄英、李榮之重玄，同於精一修真之“岷山丹法”。（王方平，馬鳴生，陰長生，及於陳摶。）

近世大師後來居上，尤播霞光。自蒙文通、張默生、易心瑩、陳鼓應、南懷瑾、任法融、田宜超等今註堪稱哲人之解。徐仁甫《諸子辨正》考訂了 38 章“夫禮者，忠信之薄而亂之首也”句中“夫乃失字之誤”。蕭兵《老子文化解讀》以人類學、考古學等多學科綜合研究，全面探索《老子》對社會人際關係、對天道宇宙的反應。盧育三《老子釋義》明白普及。培真《道德經探玄》作了深入精闢的破譯。皆一世之佳者，而闡道德五千言之真旨。

張陵受道於鵠（白鳳）鳴山（今味江天國山），承王遠、李脫岷山丹法，繼崑崙烏母之道（斗姥九皇之妙道）。《想爾註》：“不如學生，守中和之道。”域中四大（道、天、地、王），想爾本“王”作“生”，註云：“四大之中，所以令生處一者：生，道之別躰（體）也。”註中煉尸、延壽皆配“生亦大”。（劉咸炘《推十書》作“人亦大”。）此天與地（陰陽）法道，道降於人則以生爲大，乃天道與人道合一之說。一部《道德經》旨在玄妙度人，護育群生。人間無空洞之道德。世上僞假之“善良”，不道早已。道在天人之際（古四衢之中寫“首”、寫“人”皆是道）；德在全生修真。丹道之旨在“一生二，二生三，三生萬物。”丹法之用在“人法天，天法道，道法自然。”故《易》曰：“乾坤定矣。”青城山天師洞西客堂丹術之聯云：“子午生機三陽震，庚甲神化一氣和。”指點正一全真之生機。

讀啓鵬先生《柬釋》，啓我智慧，傳我要妙。欣然爲序以頌之。

中國道教文化研究所副所長
四川道家研究所名譽所長
王 家 祐*
一九九八年十月一日

---

* 王家祐研究員系青城山丹台碧洞宗第二十三代嗣師，法名王宗吉。

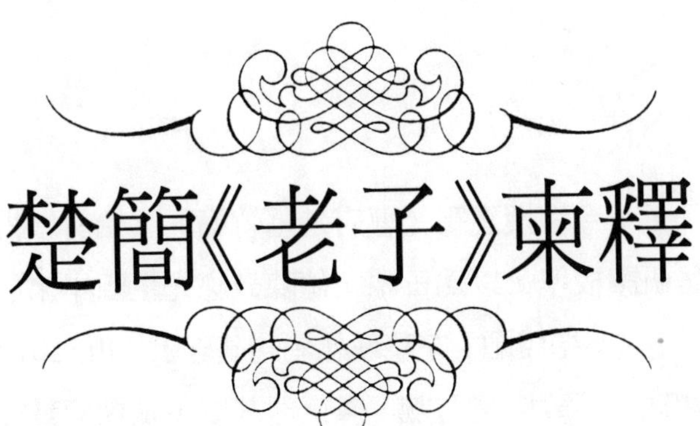

楚簡《老子》柬釋

戊寅五月，王子今教授惠寄《郭店楚墓竹簡》，始有幸得觀這一批珍貴的先秦故籍，於是研讀校理，以爲日課。值陳鼓應先生西岸來電，敦促學習，既返京華，更催落墨。不揣淺陋，在整理札記的基礎上，再三斟酌推敲，寫成《老子》簡文箋釋初稿，不敢以窺全壁，僅柬理其要，試探索楚簡本某些異文的歷史文化內涵和在老學史上的原味。爲避繁瑣，側重帛書本和河上公本、王弼本（省稱今本）對校，校語亦舉要而出，不一一臚列。柬釋以文物出版社8開精裝本爲底本，改爲橫行，整理本竹簡編號用阿拉伯數字逐次列入行間。拙稿粗疏，功力所限，敬希海內朋友教正。

魏 啟 鵬

甲 組

𢇁（絕）智（知）弃卞（辯）①，民利百怀（倍）。𢇁（絕）攷（巧）弃利，覜（盜）惻（賊）亡又（有）。𢇁（絕）憍（僞）弃慮（詐）②，民复（復）季〈孝〉子（慈）。三言以 1 爲叓（辨）不足③，或命（令）之或唇（乎）豆（屬）④：視索（素）保僕（樸），少厶（私）須〈寡〉欲。

① 絕智：拋棄智慧。帛書本、今本六十五章有“民之難治，以其智多”之說，河上公注：“民之所以難治者，以其智多，故爲巧僞。”參看《韓非子·楊権》：“聖人之道，去智與巧，智巧不去，難以爲常。”
弃：《說文》：“ 弃，古文棄。”
卞：裘錫圭先生按：“弃”下一字當是“鞭”的古文，“鞭”“辯”音近，故可通用。辯：辯論；巧言，善於談說。《墨子·經上》：“辯，爭彼也。”嚴遵本、今本《老子》皆云“善者不辯，辯者不善。”河上公注：“辯，謂巧言也。”案：簡本此句大異於帛書本、今本之“絕聖棄智”。

② 僞：欺詐，姦僞不誠。《廣雅·釋詁二》：“僞，欺也。”《尚書·周官》：“恭儉惟德，無載爾僞。”孔傳：“言當恭儉惟以立德，無行姦僞。”
慮：此字由且得聲，上古音與乍聲相近，故可借爲詐。《說文》：“殂，古文作殂。”可爲佐證。《國語·楚語下》：“愛而不謀長，不仁也。以謀蓋人，詐也。”案：簡本此句大異於帛書本、今本之“絕仁棄義”。

③ 叓：整理本從李家浩先生說，釋作“弁”（ㄅㄧㄢˋ），在此句中讀爲辨，其義判也、別也。似於義未安。經籍常以“卞”作“弁”。卞：法、法度。《尚

書·顧命》："臨君周邦，率循大卞。"孔傳："率群臣循大法。"孔穎達疏："明所循者，法也。故以大卞爲大法。王肅亦同也。"朱駿聲認爲，此乃弁（卞）假借爲憲。

帛書本此句作"此三言也，以爲文未足"，"文"亦有法度之義，《國語·周語上》："先王之於民也，懋正其德而厚其性，以文修之。"韋注："文，禮法也。"一說，同墓竹簡中"叓"字數見，皆釋爲"使"，本"使"古文（參看黃錫全《汗簡古文注釋》卷（一）。）此句中亦當釋作"使"，謂使民之事，《逸周書·謚法》："治民克盡曰使。"

④ 此句帛書本作"故令之有所屬"。屬：繫，歸屬。裘先生按："豆""屬"上古音相近。

"㕩"從"口""虎"聲，"虎""乎"音近，簡文多讀爲"乎"，但在此似當讀爲"呼"。

疑"或命之"、"或㕩（呼）"豆（屬）當分爲兩句讀，"命"不必讀爲"令"。

⑤ 視：以事、物示人。《毛詩·小雅·鹿鳴》："視民不恌（讀爲佻，輕佻、姦巧），君子是則是傚。"鄭玄箋："視，古示字也。"《莊子·應帝王》釋文引崔譔注："視，示之也。"

保：守也、持也。保樸，猶言守樸，今本《文子·十守》有"守樸"一章，言"守大渾之樸"。陳鼓應先生說："'素'是沒有染色的絲；'樸'是沒有雕琢的木。'素''樸'在這裡是異字同義。"以上簡文見於今本第十九章，河上公注云"當抱其質樸，以示下，故可法則"，尙存簡本遺意。

江海（海）所以爲百浴（谷）王，以其2能爲百浴（谷）下①，是以能爲百浴（谷）王②。聖人之才（在）民前也，以身後之；其才（在）民上也，以3言下之。其才（在）民上也，民弗厚也；其才（在）民前也，民弗害也③。天下樂進而弗詀（厭）4。以其不靜（爭）也，古（故）天下莫能與之靜（爭）④。

① 帛書本作“以其善下之”。

② 《說苑・敬慎》述孔子之周所觀太廟前金人銘，有“夫江河長百谷者，以其卑下也”云。

③ 參看《國語・周語中》載單襄公言：“夫人性陵上者也，不可蓋也。求蓋人，其抑下滋甚，故聖人貴讓。且諺曰：‘獸惡去網，民惡其上’，《書》曰：‘民可近也，而不可上也’，……是則聖人知民之不可加也，故王天下者必先諸民然後庇焉，則能長利。”

④ 《說苑・敬慎》述金人銘云：“君子知天下之不可蓋也，故後之下之，使人慕之。執雌持下，莫能與之爭者。”案：以上簡文見於今本第六十六章。

皋（罪）莫厚虐（乎）甚欲①，咎末僉（憯）虐（乎）谷（欲）得②，5化（禍）莫大虐（乎）不智（知）足③。智（知）足之爲足，此亙（恆）足矣④。

① 甚欲：甚讀爲侵。《左傳・文公十八年》：“縉雲氏有不才子，貪於飲食，冒於貨賄，侵欲崇侈，不可盈厭；聚斂積實，不知紀極。”同書《昭公二十六年》：“侵欲無厭，規求無度。”侵欲，謂侵奪貪求之欲。

② 憯（ㄘㄢˇ）：痛，慘痛。參看《韓非子・解老》：“憯則退而自咎，退而自咎也生於欲利。故曰：咎莫憯於欲利。”
得：貪得。《論語・季氏》：“戒之在得。”何晏集解引孔安國曰：“得，貪得。”

③ 以上兩句帛書本、今本作“禍莫大於不知足，咎莫憯（今本作大）於欲得。”

④ 以上簡文見於今本第四十六章。

以衍（道）差（佐）人宔（主）者①，不谷（欲）以兵強6於天下②。善者果而已③，不以取強。果而弗癹（伐）④，果而弗喬（驕），果而弗矝（矜）⑤，是胃（謂）果而不強。其7事好〔還〕⑥。

① 帛書本、王弼本同。俞樾曰："按唐景龍碑，作'以道作人主者'，乃古本也。
河上公注曰：'謂人主能以道自輔佐也。'則河上公亦是'作'字。若曰'以道佐人主'，則是人臣以道輔佐其主，何言人主以道自輔佐乎？"而簡本此句，正是指以道輔佐其主的人臣，在西周有輔佐天子的執政大臣太師、太傅、太保三公，春秋時周室式微，以"尊王攘夷"爲旗號的齊桓公、晉文公亦在叔向所稱"翼戴天子"的序列。（參看王利器先生曰：考《左傳．莊公二十七年》："王使召伯廖賜齊侯（桓公）命。"注："賜命爲侯伯。"又《僖公二十八年》："王命尹氏及王子虎、內史叔興父命晉侯（文王）爲侯伯。"《齊策四》："王斗曰：昔先君桓公九合諸侯，一匡天下，天子授籍，立爲太伯。"蓋齊桓授籍，晉文策命，此以霸而爲伯也，故《春秋》家有齊桓、晉文爲二伯之說，與夏昆吾、商大彭、豕韋所以稱爲五伯也。）

② 參看《管子．大匡》："貪於土必勤於兵，勤於兵必病於民，民病則多詐。……詐則不信於民。夫不信於民則亂，內動則危於身。是以古之人聞先王之道者，不競於兵。"

③ 果：信也；成也。《廣雅．釋詁一》："果，信也。"《賈子．道術》："期果言當謂之信。"又《論語．子路》："言必信，行必果。"皇疏引繆協曰："果，成也。"王弼注此句，曰："果猶濟也。"濟，成也，見《爾雅．釋言》。（說詳朱謙之《老子校釋》，第122頁，中華版。）
案：此句之前，今本有"師之所處，荆棘生焉。大軍之後，必有凶年。"四句，帛書本無後二句。疑此四句皆別屬古語，漢人傳《老子》經說，義、疏

徵引，遂衍入經文，故爲楚簡本所無。

④ 伐：自誇功績。《論語・憲問》：“故伐怨欲。”皇疏：“謂有功而自稱。”《賈子・道術》：“功遂自卻謂之退，反退爲伐。”今本《老子》第二十二章：“不自伐，故有功。”《左傳・宣公十二年》載邲之戰，楚人大敗晉軍，楚莊王曰：“其爲先君宮（杜注：祀先君，告戰勝。），告成事而已，武非吾功也（楊伯峻注：言此勝戰不足以爲武功也。）。”可爲“果而弗伐”之一史例。

⑤ 參看《國語・越語下》載范蠡語：“天道盈而不溢，盛而不驕，勞而不矜其功（韋注：矜，大也。不自大其功，施而不德也。）。”《公羊傳・僖公九年》：“貫澤之會，桓公有憂中國之心，不召而至者，江人黃人也。葵丘之會，桓公震而矜之，叛者九國。震之者何？猶曰振振然（何注：亢陽之貌。）。矜之者何？猶曰莫若我也（何注：色自美大之貌。）。”齊桓事跡，可爲“果而弗矜”之一史例。

⑥ “其事好”之下當脫一“還”字。裘先生按：“好”字下有一類似句逗的符號，也許是校讀者所加，表示此處抄脫一字。帛書本、今本此句皆緊接“不以兵強於天下”之後，而簡本則置於此節之末，且與兵荒之歎無涉。注家以用兵之事勝敗交替，攻伐往復，報應如循環，說解此句，於簡本則未妥。此句中“好”，訓爲宜，《毛詩・鄭風・緇衣》傳曰：“好，猶宜也。”“還”，音旋，義爲旋轉。見《莊子・庚桑楚》陸德明釋文。《逸周書・武順》有“天道尚左，地道尚右，人道尚中”之說，“天道曰祥，地道曰義，人道曰禮”，謂“禮義順祥曰吉。吉禮左還，順天以利本；武禮右還，順地以利兵。”（此與帛書本《老“君子居則貴左，用兵則貴右”、今本之“吉事尚左，凶事尚右”義合。）陳逢衡《逸周書補注》云：“吉事尚左，故左還。順天者昌，逆天者亡，故曰順天以利本。凶事尚右。武禮則軍禮而兼凶禮者也，故右還，順地利兵，取容畜也。”故此句意爲，“國之大事，在祀（吉禮）與戎（武禮）”，應法天順地，左還右旋，循天道而運轉，才能治理國家和天下。案：以上簡文略見於今本第三十章。

長古之善爲士者①，必非（微）溺玄達②，深不可志（識），是以爲之頌（容）：夜（豫）虐（乎）奴若冬涉川，猷（猶）虐（乎）其8奴（若）愄（畏）四哭（鄰）③，敢（嚴）虐（乎）其奴（若）客④，覌（渙）虐（乎）其奴（若）懌（釋）⑤，屯虐（乎）其奴（若）樸⑥， 坉虐（乎）其奴（若）濁⑦。竺（孰）能濁以束（靜）9者，牐（將）舍（徐）清。竺（孰）能庀以迬者，牐（將）舍（徐）生⑨。保此衍（道）者不谷（欲）竘（尚）呈（盈）⑩。

① 長古：猶言上古。長（ㄓㄤˇ），《呂氏春秋・貴公》高誘注：“長，上也。”

② 微溺：同微妙。溺借爲妙，二字藥、宵對轉，其韻甚近；其聲同爲鼻音，泥、明鄰紐，故得通借。

玄達：帛書本同，謂遠達、通達。《文子・十守》：“聖人誠使耳目精明玄達，無所誘慕。”今本《老子》作“微妙玄通”。

③ 豫猶：同猶豫，或作猶預、猶與、由與、容與，雙聲聯綿詞，意爲躊躇，遲疑不決。舊說以“猶”、“豫”爲二獸名，性皆多疑，非是。黃生《義府》、王念孫《廣雅疏證》卷六辨之甚詳。《老子》此二句、《淮南子・兵略訓》：“擊其猶猶，陵其與與”，雖拆詞離合，皆上下同義，不可分訓。愄（ㄨㄟ），《集韻・灰韻》：“愄，中善。”此處借爲畏。

④ 今本作儼（ㄧㄢˇ），恭敬、莊重貌。

⑤ 帛書本作“渙呵其若淩（凌）澤（釋）”。簡文似脫一“凌”字。凌：冰也。釋：消溶。

⑥ 屯：帛書本作沌、今本作敦。河上公注：“敦者，質厚；樸者，形未分。”

⑦ 坉（ㄉㄨㄣˋ）：《廣韻・混韻》：“坉”同“沌”，重言爲沌沌，《廣雅・釋

訓》："沌沌，轉也。"王念孫疏證："凡狀水之轉亦曰渾渾沌沌。"
帛書本作"湷呵亓若濁"，今本作"混兮其若濁"。帛書本此句後有"湛呵亓若浴（谷）"一句。

⑧ 朿（ㄘㄟ），上古音清紐錫部，靜，從紐耕部；其聲爲齒頭音旁紐，其韻部陽、入對轉，故得通借。此句末"清"回應前一"靜"字。

⑨ 整理本疑"庀"爲"安"字誤寫，其說是。安字金文或作㡯、古貨泉文或作㡯與"庀"因形近而致誤。這迬（ㄓㄨㄟ）：疑讀爲注，聚、匯聚。《周禮·天官·獸人》："令禽注于虞中。"賈疏："注，猶聚也。"句末"生"回應前一"注（聚）字"。先秦有"生聚"一詞，見《左傳·哀公元年》："伍員退而告人曰：'越十年生聚，而十年教訓，二十年之外，吳其爲沼乎！'"帛書本作"濁而靜之，徐清。女〈安〉以重之，徐生。"今本作"孰能濁以止？靜之徐清。孰能安以久？動之徐生。"

⑩ 尙盈：崇尙盈滿豐足。以上簡文見於今本第十五章。

爲之者敗之，執之者遠[10]之①。是以聖人亡爲古（故）亡敗；亡執古（故）亡遊（失）②。臨事之紀，誓（慎）冬（終）女（如）忖（始）③，此亡敗事矣。聖人谷（欲）[11]不谷（欲），不貴難得之貨，孝（教）不孝（教）④，復眾之所= 𨑳（過）⑤。是古（故）聖人能尃（輔）萬勿（物）之自肰（然）⑥，而弗[12]能爲⑦。

①《文選·干寶：晉記總論》李善注：《文子》引老子曰："天下大器也，不可執也，不可爲也；爲者敗之，執者失之。"（今本《文子·道德》有此語。）遠（ㄩㄢˋ）：離開；背離。《廣韻·願韻》："遠，離也。"《方言》卷六："伆、邈，離也。楚或謂之遠。"郭璞注："謂乖離也。"

②兩句意爲：不以強力妄爲，所以不會失敗；不去把持控制，所以不會失落。

③臨事：處事、遇事，此句特指治理政事。

紀：條貫、條理。《呂氏春秋·孝行》："而萬事之紀也。"高注："紀，猶貫也。"《尚書·太甲下》："無輕民事惟難，無安厥位惟危，慎終于始。"《逸周書·常訓》亦論爲政應"慎微以始而敬終，乃不困"《老子》丙組簡、帛書本、今本無"臨事之紀"，而有"民之從事也，恆於其成事而敗之"，則此簡無。

④孝不孝：整理本釋孝爲教，指出簡文"行不言之教"之"教"字亦作此形，"教"、"學"兩字音形俱近，故易混用。《說文》："孝，效也。"《廣雅·釋詁三》："教，效也。"《墨子·小取》："效者，爲之法也。"此句言效法人們未能效法的大道，《老子》有言"人法地，地法天，天法道，道法自然"。

⑤簡文"所"字下重文符號衍，似筆誤。《韓非·喻老》作"復歸眾人之所過"，案"復"之古訓有"歸"義（見《書·舜典》鄭玄注），此"歸"乃注文竄入正文。復：返回。《爾雅·釋言》："復，返也。"《易·繫辭下》："復，

德之本也。”注：“復者，各反其所始。”

過：過越，遠離。《易·大過》孔疏：“過謂過越之過”，“相過者，謂過越之甚也。”此句意爲，返回那被眾人過越而遠離的本始。參看河上公注：“復之者，使反本實也。”

⑥《韓非子·喻老》引作“恃萬物之自然而不敢爲”，劉師培謂“恃蓋待字之訛，義輔字爲長。”帛書本作“能輔萬物之自然而弗敢爲”。《廣雅·釋詁二》：“輔，助也。”《易·象傳》：“輔相天地之宜。”《論衡·自然》：“然雖自然，亦須有爲輔助之也。”朱謙之曰：此即《老子》“以輔萬物自然”之旨。

⑦參看河上公注：“聖人動作因循，不敢有所造爲，恐遠本也。”以上簡文見於今本第六十四章。

衍（道）亙（恆）亡爲也①，侯王能守之，而萬勿（物）牆（將）自憍（化）②。憍（化）而雒（欲）复（作）③，牆（將）貞（鎭）之以亡名之澂（樸）④。夫13亦牆（將）智（知）足⑤，智（知）【足】以朿（靜）⑥，萬勿（物）牆（將）自定■⑦。

①帛書本作“道恆無名”，今本作“道常無爲而無不爲”。恆，常也。

②上古音“爲”、“化”同隸歌部，其聲匣、曉同爲牙音旁紐，故得通借。自化：自然化育、自然歸化。《說文》：“化，教行也。”參看《管子‧七法》：“漸也，順也，靡也，久也，服也，習也，謂之化。”尹注：“漸，謂革物當以漸也。順也、靡也，謂物順教而風靡也。久也、服也、習也，謂人習服教命之久。”

③化而欲作：陳鼓應先生釋“作”爲“貪欲萌作”。參看《禮記‧月令》：“無或作爲淫巧。”鄭玄注：“今《月令》‘作爲’爲‘詐僞’。”河上公釋此句亦曰：“復欲作巧僞”。

④亡名之樸：帛書本作“吾將闐之以無名之樸”。道之名乃無名，道之質爲真樸，“無名之樸”是“道”的另一種稱呼。

⑤此句帛書本作“闐（鎭）之以無名之樸，夫將不辱。”“不辱”今本作“不欲”，辱借爲欲，二字古音同隸屋部，其聲日、喻舌音旁紐，故得通借。簡本作“知足”，於義爲長。

⑥整理本指出，簡文“足”下脫重文號，當據上句補“足”字。“智（知）【足】以朿（靜），帛書本作”不辱以靜（甲本作“情”），今本作“不欲以靜”。

⑦萬勿（物），帛書本作“天地”，今本作“天下”。參看定州漢簡《文子》：“萬物。曰：何謂萬物，何謂天地？”（2240）“文子曰：‘萬物者，天地之謂

也。'"（0607）可見，早期道家語匯中，"萬物"亦可指"天地"。以上簡文見今本第三十七章。"■"爲簡本之末的分章、分段標誌。

爲亡爲，事亡事，未（味）亡未（味）①。大少（小）之多②，惕（易）必多𨻶（難）③。是以聖人 14 猷（猶）𨻶（難）之④，古（故）終亡𨻶（難）■⑤。

①《文子・道原》引此首二句同，第三句作“知不知也”。

②小大之多：言爲政日理萬機，人有尊卑長幼賢不肖，事有鉅細輕重吉凶，皆紛然而至，有待權衡決斷，如帛書《十大徑・成法》所言，“萬物之多，皆閱一空（孔）。夫非正人也，孰能治此？”

③帛書本、今本作“多易必多難”。簡本以四言爲句，疑“易”字前之“多”字，蒙下文而省。參看《逸周書・常訓》論爲政“參伍以權，權數以多，多難以允，允德以慎。”陳逢衡補注：“權之，數則以多，一致而百慮也。多而難，則以允（孔晁注，訓允爲信），執一以應萬也。”

④猶難之：此文“難”乃形容詞意動用法，把處事看得很艱難。把易視爲難的前導，把困難認真當作困難對付。如嚴遵曰：“圖難於易，治其本根，絕之未兆，使不得然”。“心多易者，難積而變不可推也”。

⑤本段簡文與各本差異較大。帛書本作“大小多少，報怨以德。圖難乎其易也，爲大乎其細也。夫輕若（諾）必寡信，多易必多難”。今本與帛書本近似。有注家（如姚鼐）曾認爲“大小多少”下有脫字，不可強解，或以爲有注文攙入，或有它章文字錯入此段。故整理本指出，簡文與帛書本的差異，說明帛書本的文字或有其他來源，或據簡文重編。以上簡文略見於今本第六十三章。

天下皆智（知）敚（美）之爲敚（美）也①，亞（惡）已②；皆智（知）善，其不善已③。又（有）亡之相生也[15]，難（難）惕（易）之相成也，長耑（短）之相型（形）也，高下之相浧（盈）也④，音聖（聲）之相和也⑤，先後之相墮（隨）也⑥。是[16]以聖人居亡爲之事，行不言之季（教）。萬勿（物）復（作）而弗忖（始）也⑦，爲而弗志（恃）也⑧，成而弗居⑨。天〈夫〉唯[17]弗居也，是以弗去也■。

①敚，古“微”字，借爲美。敚，同“媺”，古美字，《集韻·脂韻》謂通作“美”。《汗簡》引《尚書》古文亦作此形。

②古“已”、“矣”通用。

③今本作“皆知善之爲善，斯不善已”。帛書本與簡本同，惟“此其”作“斯”。所言美惡、善不善二句，以文氣原爲駢列句式，簡本、帛書本後一句皆承上而省略。陳鼓應先生引王安石、吳澄、陳懿典、王夫之諸說，指出此二句說明美與惡、善與不善的觀念對立形成，並且在對待關係中彰顯出來。

④浧（盈）：今本作“傾”，案“盈”字義勝。《文選·東京賦》：“不縮不盈。”薛注：“盈，長（ㄓㄤˇ）也。”如山、谷相對立而存在，山愈見其高，谷愈顯其深。

⑤音、聲，古人用二詞時有區別。《禮記·樂記》：“感於物而動，故形於聲。”鄭玄注：“宮商角微羽，雜比（引者案：猶言配合排列）曰音，單出曰聲。”《賈子·六術》：“是故五聲宮、商、角、徵、羽，唱和相應而調和，調和而成理謂之音。”

⑥帛書甲乙本於此句後有“恆也”，各本無。

⑦帛書本同，“弗始”傅奕本作“不爲始”，今本作“不辭”。此句後，今本有“生而不有”一句。

⑧此二句意爲，讓萬物興起而不替它開頭，撫育萬物而不自恃己能。

⑨成：成功。《國語·晉語四》：“黃帝以姬水成，炎帝以姜水成。”韋注：“成，謂所生長以成功也。”河上公注此句：“功成事就，退避不居其位。”本節簡文見於今本第二章。

道亙（恆）亡名，僕（樸）唯（雖）妻（微）①，天陛（地）弗敢臣②，侯王女（如）能 18 獸（守）之，萬勿（物）𨟻（將）自賓（賓）■③天陛（地）相合也④，以逾甘零（露）⑤。民莫之命（令）天〈而〉自均安（焉）⑥。訂（始）折（制）又（有）名⑦。名 19 亦既又（有），夫亦𨟻（將）智（知）止⑧，智（知）止所以不訂（殆）。卑（譬）道之才（在）天下也，猷（猶）少（小）浴（谷）之與江海（海）⑨20 。

①整理本“妻”讀爲“微”，似欠妥。疑“妻”借爲稺（ㄓㄧ），同“穉”《爾雅・釋獸》釋文：“犀俗作屖。”《詩・衛風・碩人》：“齒如瓠犀。”《爾雅・釋草》作“瓠棲”。又《漢書・揚雄傳》：“靈屖遲兮。”《文選・甘泉賦》作“靈棲遲兮”。此“妻”與“屖（犀）”通借之佐證。《方言》卷二：“稺，小也。”帛書本、今本正作“樸唯（雖）小”，其義相合。

②帛書本、今本作“天下弗敢臣”。案：道生天地萬物，誰能使之臣屬？簡本義勝。《戰國策・秦策四》：“而欲以力臣天下之主。”注：“臣，服也。”臣有役使、統屬之義。

③賓，乃賓字的異體。《爾雅・釋詁一》：“賓，服也。”郭璞注：“謂喜而服從。”《國語・楚語上》：“其不賓也久矣。”韋注：“賓，服也。”

④裘先生按：簡文此字上部，與楚文字中一般“合”字有別，頗疑是“會”字而中部省去豎畫。

⑤逾，借爲輸。《爾雅・釋言》：“輸，寫也。”《玉篇》：“輸，瀉也。”“逾”字帛書本作“俞”，今本作“降”。參看《爾雅・釋天》：“甘露（一作雨）時降，萬物以嘉，謂之醴泉。祥。”《論衡・講瑞》：“甘露，和氣所生也。

和氣至，甘露降，德洽而眾瑞湊。”

⑥此句意爲，人們沒有誰去使令而甘雨普降自然均勻。安讀爲焉，《左傳・昭公十年》：“陳鮑焉往？”《晏子春秋・內篇・雜下》載此語，“焉”作“安”。

⑦始制：傅山曰：“制即‘制度’之制，謂治天下者初立法制。”陳鼓應先生指出，“始制有名”即二十八章所說的樸散爲器。參看《尹文子・大道》：“大道無形，稱器有名。”《荀子・正名》：“故王者之制名，名定而實辨，道行而志通，則慎率民而一焉。”

⑧此句言名份既得，應知足而止。參看《逸周書・度訓》：“天生民而制其度。度小大以正，權輕重以極，明本末以立中。立中以補損，補損以知足。【知足以口爵】（據孫詒讓校補），【制】爵以明等（缺字據陳逢衡說補）。”朱右曾注：“補不足損有餘皆以中爲制，故知足也。”可與簡文之旨互相發明。

⑨今本《文子・上仁》引作“故道之在於天下也，譬猶江海也。”又，蔣錫昌曰：“此句倒文，正文當作‘道之在天下，譬猶江海之與川谷。’蓋正文以江海譬道，以川谷譬天下萬物。”帛書本亦作“小谷”，今本作“川谷”。案：後半四句以“有”、“止”、“殆”、“海”協之部韻，“谷”韻隸屋部，難以協韻，故修辭以倒文，蔣說可從。以上簡文見今本第三十二章。

又（有）𦚏蟲〈䖵〉成①，先天陛（地）生，敓纓（穆）②！蜀（獨）立不亥（改）③，可以爲天下母。未智（知）其名④，㧃（字）之曰道，虗（吾）21㢄（強）爲之名曰大。大曰灊⑤，灊曰遠〈遠〉⑥，遠〈遠〉曰反（返）。天大，陛（地）大，道大，王亦大⑦。國中又（有）四大安（焉），王凥（居）一安（焉）。人22法陛（地），陛（地）法天，天法道，道法自肰（然）■⑧。天陛（地）之刎（間）⑨，其猷（猶）囝（橐）籊〈籥〉與⑩？虛而不屈⑪，違（動）而愈出⑫23。

①𦚏：傳世字書未載。此字從爿，百聲。百（ㄕㄡˇ），《廣韻》書九切，《集韻》始九切。《說文·百部》："百，頭也。象形。"同書《首部》："首，百同，古文百也。"道字从辵，从首會意，首亦聲也。疑𦚏讀爲道，二字皆首聲，古韻同隸幽部，其聲書、定舌音準旁紐，故得通借。整理本指出，原簡蟲字乃䖵（ㄎㄨㄣ）字之誤。《說文》："䖵，蟲之總名也。從二虫，讀若昆。"此句䖵借爲混。帛書本作"有物昆成"，今本作"有物混成"。

②敓（ㄉㄨㄛˊ）穆：敓讀爲悅，經籍多以"說"爲之。《廣雅·釋詁一》："悅，喜也。"《呂氏春秋·不苟》："賢主之所說（ㄩㄝˋ）。"高注："說，猶敬也。"穆，和美也。重言爲穆穆，《楚辭·大招》王注："和美貌。"《揚雄傳上》集注："靜也。"《爾雅·釋詁》："敬也。"故"敓（悅）穆"，謂莊敬肅穆也。今本《文子·精誠》謂道者"悅穆胸中，廓然無形，寂然無聲"。簡文則是對大道先天地生的禮讚。帛書甲本作"繡呵繆呵"，乙本作"蕭呵漻呵"，唐景龍碑本作"寂漠"，今本作"寂兮寥兮"。

③此句之後今本有"周行而不殆"一句，帛書本無。

④“未”字前帛書本、今本有“吾”字。

⑤潛，不識，待考。帛書本此處爲“筮”，今本此處爲“逝”。

⑥逋，讀爲邅（ㄓㄢ），二字古音同屬元部，其聲章、端爲舌音準雙聲，故得通借。《離騷》：“邅吾道夫崑崙兮。”王逸注：“邅，轉也。楚人名轉曰邅。”案邅、轉古音相同。姜亮夫《通故》曰：“蓋邅乃南北諸子通用之字，而以邅爲轉旋義，則唯楚人用之也。”整理本以“逋”乃“遠”字之訛，似未妥。東周時已有天道“周旋無究”（韋注：究，窮也。見《越語下》）的觀念，簡文“逋（邅）曰反”正反映了天道周還之旨，亦即此章今本所說的“周行而不殆”。

⑦此句帛書本、今本作“道大，天大，地大，王亦大。”

⑧《說文》：“肰，犬肉也。从犬、肉。讀若然。”以上簡文見今本第二十五章。

⑨整理本指出：間，簡文寫作刎。曾姬無卹壺銘文間字作閼，簡文則省去“門”，仍讀作“間”。

⑩橐（ㄊㄨㄛˊ）籥（ㄩㄝˋ）：古代冶鍊時用以鼓風吹火的裝置，猶今之風箱。吳澄注云：“冶鑄所以吹風熾火之器也。爲函以周罩於外者，橐也；爲轄以鼓扁於內者，籥也。”

⑪《老子·道經》陸德明釋文：“河上本作‘屈’。屈，竭也。”《管子·心術》：“虛則不屈。”尹注：“屈，竭也。”

⑫此二句河上公注曰：“言空虛無有屈竭時，動搖之，益出聲氣也。”以上簡文見今本第五章。

至虛，亙（恆）也①；獸（守）中，筥（篤）也②。萬勿（物）方（旁）复（作）③，居以須復也④。天道員員，各復其堇（根）24。

①至；到，達到。《文選·長笛賦》注引《字林》：“至，到也。”《禮記·樂記》鄭玄注：“至，猶達也，行也。”恆：恆常、永久。《爾雅·釋詁》：“恆，常也。”《易·恆卦》虞注：“恆，久也。”此句言要達到虛靜的境界，才是真正的恆久。帛書本作“至虛，極也。”今本作“致虛極”。案：致从至聲，致訓爲至，古通用。《儀禮·聘禮》：“卿致館。”注：“致，至也。”帛書本作“極”，或許因爲與“恆”字音近，二字所在韻部職、蒸爲入陽對轉，其聲群、匣爲牙音旁紐，可能通借。但在河上公注中稱“至於虛極”，極謂極點，已完全沒有恆久之義。簡文此句義勝，對理解早期道家語匯也很重要。

②守中：今本第五章有“多言數窮，不如守中”，帛書本作“多聞數窮，不若守於中”。嚴靈峰、陳鼓應先生指出，應作“守沖”解，意爲持守虛靜。其說是也。《淮南子·原道訓》：“沖而徐盈。”高注：“沖，虛也。”《說文》：“盅，器虛也。《老子》曰：道盅而用之。”帛書本、今本第四章作“沖”。段玉裁曰：“沖，凡用沖虛字者，皆盅之假借。”

筥（ㄉㄨ）今作篤。《說文》：“筥，厚也。从亯，竹聲。讀若篤。”段注：“筥與二部竺音義皆同，今字篤行而筥、竺廢矣。”帛書甲本作“守情（靜）表〈裻〉也”，乙本作“守靜，督也”，今本作“守靜篤”。

③帛書本同，今本作“萬物並作”，案：《淮南子·本經訓》：“旁薄眾宜。”高注：“旁，並。”

④居：居息，居處。《詩經·小雅·北山》：“或燕燕居息，或盡瘁事國。”燕居者，謂不四出奔忙，安居無事。

須：等待。《楚辭·九歌·少司命》：“君誰須兮雲之際。”李周翰注：“須，待也。”

復：返也。《易・泰卦》：“無平之陂，無往不復。”孔疏：“初始往者必將有反復也。”此句言靜居以等待萬物返回它們的起始之處。帛書本、今本作“吾以觀其復”。

⑤員，古圓字。《淮南子・天文訓》：“天道曰員，地道曰方。”同書〈原道訓〉：“員者常轉，……自然之勢也。”員員：言其圓轉不已，周而復始，此即天道環周之旨。參看帛書《十大經・姓爭》：“天稽環周。”《經法・四度》：“周遷（案：遷讀爲旋）動作，天爲之稽。天道不遠，入與處，出與反。”《經法・論》：“極而反者，天之性也。”帛書本作“天物云云（乙本作秐秐）”，今本作“夫物云云”。案：《尚書・武成》：“暴殄天物。”孔疏：“天物之言，除人外，普謂天下百物鳥獸草木。”今本訛爲“夫（天）物”。皆與簡本文義差異甚大。

⑥堇（ㄐㄧㄣˇ），讀爲根，二字同屬見紐文部字。帛書本、河上公本作“各復歸其根”，王弼本作“各歸其根”。參看河上公注：“各復反其根，而更生也。”又，《淮南子・原道訓》：“萬物有所生，而獨知守其根（高注：根，本也）；百事有所出，而獨知守其門。”同書〈覽冥訓〉：“使萬物各復歸其根，則是所脩伏犧氏之跡，而反五帝之道也。”以上簡文略見於今本十六章前段。

其安也，易枈也①。其未菲（兆）也，易悔（謀）也。其霍（脆）也，易畔（判）也②。其幾也，易後（散）也③。爲之於其25
亡又（有）也。絧（治）之於其未亂。合□□□□□□【末】。
九成之臺甲□□□□□□□□□26足下。

①整理本曰：“枈，从木，之聲，讀作持。”帛書本作“其安也，易持也”，今本作“其安易持”。一說“枈”，疑爲古文“困”字。簡文字形从木、从之，“之”與“止”古音相同，字形甚近，古多通用（參看裴學海《古書虛字集釋》卷九）。簡文“枈”殆爲“朱”字之譌變，《說文·口部》：“朱，古文困。”（參看黃錫全《汗簡古文注釋》卷三）朱（困）借爲群，《淮南子·天文訓》：“歲名曰困敦。”高注：“困讀群。”群：合群、聚集。《論語·衛靈公》：“君子矜而不爭，群而不黨。”朱熹集注：“和以處眾曰群。”《荀子·非十二子》：“壹統類而群天下之英傑。”楊注：“群，會合也。”

②霍乃楚簡文字“靃”之省形。在此句中讀爲毳（ㄘㄨㄟˋ），《說文》：“獸細毛也。”字通“脆”，脆弱，細脆。《荀子·議兵》：“是事小敵毳，則偷可用也。”楊注：“毳，讀爲脆。”朱謙之校：敦煌、遂州二本“脆”作“毳”。《釋文》曰：“河上本作膬。”
畔：讀爲判。范應元曰：“判，分也。王弼、司馬公同古本。”是范所見王本作“判”。傅奕本亦作“判”。

③幾（ㄐㄧ）：微。《說文》：“幾，微也。”《易·繫辭下》：“幾者，動之微。”今本作“其微也易散”。後，借爲散，二字同隸元部，其聲爲齒音從、心旁紐，故得通借。

④整理本指出，缺字據帛書本和今本可補作“抱之木生於毫”。

⑤甲，讀爲狎。朱駿聲謂“狎叚借爲疊。《左襄二十七傳》：‘晉楚狎主諸侯之

盟也久矣。’注：‘更也。’”更：更代、更迭，依次更替而重疊累積。案：古代鎧甲製如魚鱗重疊，故引申爲狎疊之義。《蒼頡篇》：“疊，重也，積也。”整理本指出，簡本缺字依帛書甲本，可補爲“甲【於𣎆（纍）土，百仁（仞）之高，台（始）於】足下”。此句帛書乙本作“九成之臺，作於纍土。百千＜仁＞之高，始於足下”。嚴遵本亦作“百仞之高”，今本作“千里之行”。以上簡文見於今本第六十四章前段。

智（知）之者弗言，言之者弗智（知）①。閟（閉）其逸（兌）②，賽（塞）其門③，和其光，迵（同）其新（塵）= ④， 副其貟⑤，解其紛⑥27，是胃（謂）玄同⑦。古（故）不可得天〈而〉新（親），亦不可得而疋（疏）⑧；不可得而利，亦可不可得而害28；不可得而貴，亦不可得而戔（賤）⑨。古（故）爲天下貴■⑩。

①帛書本作“知者弗言，言者弗知”，今本同，僅“弗”作“不”。嚴靈峰先生曾考證“知”當讀去聲，作“智慧”之“智”，謂陸德明《釋文》云：“知者，或並音智。”河上公注“智者不言”句云：“知者貴行不貴言也。”王注云：“因自然也。”又河上注“言者不知”句云：“駟不及舌，多言多患。”王注云：“造事端也。”疑河上、王弼兩本“知”皆作“智”者。白居易《讀老子》詩云：“言者不智智者默，此語吾聞諸老君；若道老君是智者，如何自著五千言？”足證唐時所見古本亦有作“智”者。又高麗、日本所刻道釋經籍中之《牟子理惑論》亦引作“智者不言”云。楚簡既出，足見嚴氏所考爲別一系統傳本，案簡文“智”後有代詞賓語“之”，而“智”乃形容詞或名詞，一般不帶賓語（意動用法帶賓語亦極少見），簡文“智”乃“知”的借字，可無疑也。

②閟：乃“閉”字之異構。《說文》：“閉，闔門也。从門；才，所以歫門也。”張舜徽《約注》：“才象鍵閉之形，即今俗所稱木鎖也。”而“閟”字則以“戈”歫門，會闔門之意，猶“啓”或作“啓”也。非“閉”字之誤寫。

逸借爲兌，指人之孔竅，《易・說卦》：“兌爲口。”今本五十二章河上公注：“兌，目也。使目不妄視。”《淮南子・道應訓》：“王若欲久持之，則塞民於兌。”高注：“兌，耳目鼻口也。”

③此二句帛書甲本作“塞其悶，閉其口”，乙本作“塞其境，閉其門”，今本作“塞其兌，閉其門。”

④整理本曰：新，簡文多用作“慎”，此處則借作“塵”，“慎”、“塵”音近。簡文“新”下重文號衍。河上公注“和其光”曰：“雖有獨見之明，當和之使闇昧，不使曜亂人也。”注“同其塵”曰：“當與眾庶同垢塵，不當自別殊。”

⑤副：傳世字書未見。从刀，畜聲，古音透母覺部，以聲類求之，其義殆訓爲“斲（ㄓㄨㄛˊ）”，謂打擊、砍削。《說文》：“斲，斫也。”《穀梁傳・莊公二十四年》：“斲之礱之。”釋文：“斲，削也。礱，磨也。”𧸫：疑此字即“賏”之繁構，从具，尔聲。二“貝”乃義符之疊加繁化。“尔”同“爾”，在簡文此句中讀爲邇，其義爲進。《詩・大雅・行葦》：“莫遠具爾。”鄭箋：“爾（邇），謂進之也。”此句帛書甲本作“坐其閱”，乙本作“銼其兌”，今本作“挫其銳”，而河上公注：“銳，進也。人欲銳精進取功名，當挫止之，法道不自見也。”（據河上本第四章）與簡本文意頗相近。

⑥紛：紛亂；糾紛；爭執。河上公注：“紛，結恨不休也。當念道恬泊以解釋之。”今本此二句在“和光”、“同塵”兩句之前。帛書本與簡本同。

⑦玄同：與天地萬物和同爲一的境界。參看河上公注：“玄，天也。人能行此上事，是謂與天同道也。”嚴遵《指歸》卷四：“容貌不異，服色不詭；因循天地，與俗變化，深入大道，與德徘徊。無言以言言，無爲以爲爲；淸靜以治己，平和以應時。與世渾沌，與俗玄同。”又《淮南子・原道訓》：“因天下而爲天下也。天下之要，不在於彼而在於我，不在於人而在於我身，身得則萬物備矣。……是故無所喜而無所怒，無所樂而無所苦，萬物玄同也。”高注：“玄，天也。”《說山訓》：“求美則不得美，不求美則美矣；求醜則不得醜，求不醜則有醜矣；不求美又不求醜，則無美無醜矣，是謂玄同。”高注：“玄，天也。天無所求也。人能無所求，故以之同也。”又帛書《德聖》：“淸濁者德之人＜居＞，德者淸濁之淵，身調而身過，謂之玄同。”

⑧疋（ㄕㄨ），《說文》：“疋，疋記也。”段玉裁注：“後代改‘疋’爲‘疏’耳，‘疋’、‘疏’古今字。”

⑨整理本曰：“亦”下“可”字爲衍文。

⑩河上公注：“其德如此，天子不得臣，諸侯不得屈，與世沈浮，容身避害，故

爲天下貴也。”嚴遵《指歸》卷四：“故好之不能近，惡之不能遠，賞與不能加，賦稅不能取，爵祿不能高，貧賤不能下。無奈萬物何，故萬物不能役；無以天下爲，故天下不能有也。”以上簡文見今本第五十六章。

以正之（治）邦①，以敧（奇）甬（用）兵②，以亡事29取天下③。虗（吾）可（何）以智（知）其肰（然）也④？夫天【下】多期（忌）韋（諱），而民爾（彌）畔（叛）⑤。民多利器，而邦慈（滋）昏⑥。人多30智，天〈而〉敧（奇）勿（物）慈（滋）迉（起）⑦。法勿（物）慈（滋）章（彰）⑧，覜（盜）惻（賊）多又（有）。是以聖人之言曰：我無事而民自禧（富）31。我亡爲而民自蠡（化）。我好青（靜）而民自正⑨。我谷（欲）不谷（欲）而民自樸⑩32。

①帛書甲本與簡本同，乙本作“以正之國”，今本作“以正治國”。《經詞衍釋》卷九：“之，猶爲也。”案：“之國”猶言“爲國”，《論語・里仁》：“能以禮讓爲國乎？”邢疏：“爲猶治也。”《戰國策・秦策三》：“善爲國者，內固其威，而外重其權。”參看嚴遵《指歸》卷四：“故王道人事，一柔一剛，一文一武，中正爲經。……正國綱紀，分明察理，元元本本，牽左連右，參伍前後，物如其所。”

②奇：權變計謀。《管子・小問》：“公曰：野戰必勝若何？管仲對曰：以奇。”尹注：“奇，謂權譎（ㄐㄩㄝˊ,詐也）以勝敵也。”帛書本“奇”作“畸”。

③今本第四十八章：“取天下常以無事。”河上公注：“取，治也。”案：取讀爲聚，《管子・君臣上》：“而發於眾心之所聚。”尹注：“聚，謂同所歸湊。”證之史事，周室既衰，諸侯割據相爭，天下紛擾，戰亂不已，自齊桓公“九合諸侯，一匡天下”以來，如何使天下聚合，重新輻湊歸一，成爲政治家、思想家最關注的一個問題。參看《管子・正》：“無德無怨，無好無惡，萬物崇一，陰陽同度，曰道。”“會民所聚曰道。”尹注：“聚，謂眾所宜也。能令眾宜，道之謂也。”

④今本在此句後，有“以此”二字。

⑤整理本指出，簡文"天"字後脫"下"字。"忌諱"的初義，見《周禮·春官·小史》："若有事，則詔王之忌諱。"鄭司農注："先王死日爲忌，名爲諱。"後又指因習俗或迷信，對某些不吉利的事物、話語的禁忌。故有"君子入人之國，不稱其諱，不犯其禁"之說。（《大戴禮記·曾子立事》）《老子》此句，當指各諸侯邦國行苛政的種種禁令和訓誡。"彌"：益；更加。民叛：猶言民潰，在《春秋》經傳中數見。《公羊傳·僖公四年》："潰者何？下叛上也。國曰潰，邑曰叛。"《左傳·文公三年》："凡民逃其上曰潰。"《穀梁傳·昭公二十九年》："潰之爲言上下不相得也。上下不相得則惡矣，亦譏公也。昭公出奔，民如釋重負。"《左傳·昭公二十三年》："楚左司馬沈尹戌曰：昔梁伯溝其公宮而民潰。（見《僖公十九年》，公元前641年）民棄其上，不亡何待！"以此告誡統治者應"親其民人"。帛書本、今本皆作"民彌貧"，而簡本作"民彌叛"，含有鮮明的春秋時代之特徵，爲老子述作當在春秋末期提供了佐證，值得研究者重視。

⑥利器，犀利的武器，此喻權術謀略。今本三十六章："國之利器，不可以示人。"河上公注："利器，權道也。治國者不可以示執事之臣也。"王道《老子億》："利器，即國之利器，智慧權謀之類也。"

⑦奇物：邪物。《禮記·曲禮》釋文："奇車，奇邪不正之車。"《管子·白心》："奇身名廢。"尹注："奇，謂邪不正。"《賈子·道術》："方直不曲謂之正，反正爲邪。"帛書甲本同。傅奕本作"民多知慧，而衺事滋起"今本作"人多伎巧，奇物滋起。"《文子·道原》引作"民多智能，奇物滋起"。

⑧法物：帛書乙本作"【法】物"，景龍、景福、奈良卷子、河上本並作"法物"。《文子·道原》、《淮南子·道應訓》、《史記·酷吏列傳》、《後漢書·東夷傳》引並作"法令"，傅奕本、范應元本、王弼本作"法令"。亦屬兩個不同的傳本系統。河上公注："法物，好物也。"指出乃"珍好之物"，惜語焉不詳。案："法物滋彰，盜賊多有"，實與今本第三章"不貴難得之貨，使民不爲盜"文意相同，可以互證，"法物"即是"難得之貨"。今本第十二章又云："難得之貨，令人行妨。"河上公注："難得之貨，謂金銀珠玉。"此四

物在古代都具有貨幣職能（說詳朱活教授《西周幣制論》）。先秦時代，“貨”亦特指錢幣。《周禮・秋官・職金》：“貨罰入於司兵。”鄭玄注：“貨，泉貝也。”同書《大行人》：“要服六歲壹見，其貢貨物。”賈公彥疏：“貨物，龜、貝也者，貨是自然之物。”《說文》：“古者貨貝而寶龜。”郭璞《文貝讚》：“先民有作，龜貝爲貨。”先秦有貝幣和龜幣，據朱活教授考證，龜幣之值爲十朋大貝，亦稱“貨物”。戰國時齊通行之刀幣稱爲“齊法化”，郭沫若指“法化”即“法貨”。可見“貨”指錢幣，戰國時已爲常用義。簡文“法物”，當指錢幣，其義同於“法化（貨）”，指依法製造通行的貨幣。後賈誼《諫鑄錢疏》或稱之爲“法錢”。

⑨整理本指出，簡文這三句的次序與帛書本不同，第一句相當於帛書的第三句，第二句相當於帛書本的第一句，第三句相當於帛書本的第二句。

⑩以上簡文見於今本第五十七章。

酓（含）悳（德）之厚者①，比於赤子②，蟲（虺）蠆蟲它（蛇）弗蓋③，攫鳥猷（猛）獸弗扣④，骨溺（弱）堇（筋）秫（柔）而捉33固⑤。未智（知）牝戊（牡）之合然惹（怒），精之至也⑥。終日虐（乎）而不惪（憂），和之至也⑦。和曰迵⑧，智（知）和曰明34。賹（益）生曰羕（祥）⑨，心㚇（使）燹（氣）曰彊（強）⑩，勿（物）壓（壯）則老，是胃（謂）不道⑪■。

①帛書乙本、傅奕本同，今本脫"者"字。

②赤子：嬰兒。《尚書·康誥》："若保赤子，惟民其康乂。"孔穎達疏："子生赤色，故言赤子。"

③蝮（ㄏㄨㄟˇ），同"虺"。傳說中一身而兩口的怪蛇。《顏氏家訓·勉學篇》引《韓非子》："蟲有蚺者，一身兩口，爭食相齕，逐相殺也。"蠆（ㄔㄞˋ），蠍子一類的毒蟲。《廣雅·釋蟲》："蠆，蠍也。"
蓋，同蠚（ㄏㄜ）。《廣韻·藥韻》："蠚，蟲行毒。"《漢書·田儋傳》顏師古注引應劭曰："蠚，螫也。"帛書甲本作"逢（蜂）𧍷（蠆）螝（虺）地（蛇）弗螫"，乙本作"蠭癘（蠆）蟲蛇弗赫（螫）"，河上公本作"毒蟲不螫"，王弼本作"蜂蠆虺蛇不螫"。

④攫（ㄐㄩㄝˊ）鳥：成玄英疏謂"鷹鸇類也。"此即鷙鳥，性兇猛，能以爪翅攫取獵物，故名。《禮記·儒行》："鷙蟲攫搏。"扣，攻擊。《玉篇·手部》："扣，擊也。"帛書本略同，"扣"甲本作"搏"，乙本作"捕"。今本作"猛獸不據，攫鳥不搏"。

⑤捉固：帛書本、今本作"握固"。捉：持，握。《說文》："捉，搤也。一曰：握也。"《廣雅·釋詁三》："捉，持也。"河上公注："持物堅固，以其專

心不移也。”《指歸》卷四：“握持堅固。”

⑥河上公注：“赤子未知男女之合會而陰作怒者，由精氣多之所致也。”然：讀爲勢，二字其韻元、月對轉，其聲日、書旁紐，故得通借。勢，男性生殖器之別稱。《尚書・呂刑》：“宮辟疑赦。”孔傳：“男子割勢，婦人幽閉。”孔穎達疏：“男子之陰名爲勢。”怒：奮起、勃起。《莊子・逍遙游》：“怒而飛，其翼若垂天之雲。”帛書本“然”作“朘”（ㄗㄨㄟ）。《說文新附》：“赤子陰也。”河上公本作“峻”，《廣韻・灰韻》：“峻，朘同。”王弼本作“全”，俞樾謂“全”乃“侌”（古“陰”字）之誤。

⑦惪，同憂。《說文》：“惪，愁也。”《正字通》：“惪，憂本字。”簡文疑讀爲嚘（ㄧㄡ），帛書本亦作“嚘”。《玉篇》：“嚘，氣逆也。”亦引《老子》此句爲例。氣逆指臟腑之氣向上逆行。《素問・舉痛論》：“怒則氣逆，甚則嘔血及飧泄。”此句意爲，嬰兒從早到晚啼號不已，卻沒有氣逆的病變，是因爲體內和氣十分充實的緣故。河上公本“嚘”作“啞”，王弼本作“嗄”。

⑧帛書甲本作“和曰常，知和曰明。”乙本作“□□□常，知常曰明。”今本作“知和曰常，知常曰（河上公本作‘日’）明。”整理本以簡文“㝉”乃“祟”字之誤。案：㝉讀爲同，“和曰同”，其義可通。《素問・上古天真論》：“和於陰陽。”王冰注：“和謂同和。”此本《老子》“萬物負陰而抱陽，沖氣以爲和”之旨。（《逸周書・成開》：“眾和乃同。”孔注：“同謂和同。”亦和、同互訓。）從深層意義上解讀，“和曰同”又指一種體道的境界，如嚴遵所云“天地之道深以遠，妙以微，能識之者寡，行之者希，智慧不能得，唯赤子能體之”。“和曰同”，就意味著要如“恆先之初，迵同大虛”（帛書《道原》），“爲於不爲，與道周密”，“故能被道含德，與天地同則”（《指歸》卷四）。

⑨易順鼎曰：“按‘祥’即不祥。《書・序》云：‘有祥桑穀共生於廟’，與此‘祥’字同義。王注曰：”：‘生不可益，益之則夭。’夭字當作‘妖’，蓋以‘妖’解‘祥’字。”參看《玉篇》：“祥，妖怪也。”《尚書・咸有一德》：“亳有祥，桑穀共生於朝。”孔穎達疏：“祥是惡事先見之徵，故爲妖怪也。”

⑩槩：同“炁”，《玉篇》：“古氣字。”

強：逞強。

⑪今本末句後有“不道早已”。以上簡文見於今本第五十五章。

名與身篙（孰）新（親）？身與貨35篙（孰）多？貴（得）與貢（亡）篙（孰）疠（病）①？甚㤅（愛）必大費（費），厚（厚）贓（藏）必多貢（亡）②。古（故）智（知）足不辱，智（知）止不怠（殆），可36以長舊（久）③■。

①上古音方聲、丙聲皆爲陽部幫紐，故可通借。《指歸》卷二："得之與亡，或病或利。得名得貨，道德不居，神明不留，大命以絕，天不能救。"

②今本作"多藏必厚亡"。河上公注："生多藏於府庫，死多藏於丘墓。生有攻劫之憂，死有掘冢探柩之患。"

③以上簡文見今本第四十四章。

返也者，道達（動）也①。溺（弱）也者，道之甬（用）也②。天下之勿（物）生於又（有），生於亡③■。

①帛書本、今本"返"作"反"。簡文"道"字下疑脫"之"字。

②參看《文子·道原》："柔弱者，道之用也；反者，道之常也。柔者，道之剛也；弱者，道之強也。"

③帛書本同。今本"天下之物"作"天下萬物"。簡文"又（有）"字下脫重文符號"="。參看同墓竹簡《語叢一》："凡勿（物）𦣞（由）望（亡）生。"即老氏所云"萬物生於有生於無"。《文子·道原》："無形大，有形細；無形多，有形少；無 形強，有形弱；無形實，有形虛。有形者遂事也，無形者作始也。遂事者成器 也，作始者樸也。有形則有聲，無形則無聲。有形產於無形，故無形者，有形 之始也。"以上簡文見於今本第四十章。

桀而浧（盈）37之，不不若已①。湍而群之②，不可長保也。金玉浧（盈）室，莫能獸（守）也。貴福（富）喬（驕）③，自遺咎38也。攻（功）述（遂）身退，天之道也④39。

①整理本曰："桀，从木、之聲，疑讀爲殖。"其說是也。"殖"，謂殖財貨。《尚書．仲虺之誥》："惟王不邇聲色，不殖貨利。"孔傳："殖，生也。不生資貨財利，言不貪也。"蔡沈集傳："殖，聚也。"帝紂則背道而馳，瘋狂聚斂，"厚賦稅以實鹿臺之錢，而盈鉅橋之粟。益收狗馬奇物，充仞宮室。"（《史記．殷本紀》）以致天怒人怨，兵敗自殺，"登鹿臺，衣其寶玉衣，赴火而死"。可爲史例，以證簡文之旨。整理本指出，第二句簡文衍一"不"字，"若"字下脫"其"字。帛書本作"㨁而盈之，不若其已"，今本作"持而盈之，不若其已"。

②湍（ㄊㄨㄢ），讀爲摶（ㄊㄨㄢˊ），二字古音同隸元部，其聲透定 旁紐。《史記．屈原賈生列傳》："何足控摶。"索隱："控摶本作控揣。" 是爲佐證。摶：本義爲捏聚成團。《說文》："摶，圜也。"段注："以手圜 之者，此篆之本義。因而凡物之圜者曰摶。俗字作團。"引申爲聚集之義。《商君書．農戰》："凡治國者，患民之散而不摶也。"簡文"殖而盈之"言斂財，"摶而群之"言聚眾。春秋後期，隨著分封制、世卿世祿制、等級制的解體，親戚的離心離德，臣僚的犯上作亂，民人的潰逃，成了當權者大爲頭痛的問題。《左傳．隱公四年》："阻兵無眾，安忍無親。眾叛親離，難以濟矣。"已經不是偶然的現象。帛書本作"𢭏而允之"，今本作"揣而銳（王弼本作'梲'）之"。

③疑簡文"福"下脫"而"字。

④以上簡文見今本第九章。

乙　組

紿（治）人事天①，莫若嗇②。夫唯嗇，是以杲（早）③，是以杲（早）備④，是胃（謂）……⑤1不=克=則莫智（知）其亙（極）⑥，莫智（知）其亙（極），可以又（有）郕（國）⑦。又（有）郕（國）之母⑧，可以長……⑨2，長生售（久）視之道也⑩▬。

①治人，河上公注“謂人君欲治理人民”。
事天，河上公注“當用天道，順四時”。
先秦時傳述此章，大概有兩套話語：一就順天爲國而言，一就治身養氣而言，有國者必先治身。後一說參看《孟子·盡心上》：“存其心，養其性，所以事天也。”《呂氏春秋·本生》：“故聖人之制萬物也，以全其天也。（高注：天，身也。）天全則神和矣，目明矣，耳聽矣，鼻臭矣，口敏矣，三百六十節皆通利矣。若此人者，不言而信，不謀而當，不慮而得；精通乎天地，神覆乎宇宙；……上爲天子而不驕，下爲匹夫而不惛；此之謂全德之人。”《韓非子·解老》：“知治人者其思慮靜，知事天者其孔竅虛。思慮靜故德不去，孔竅虛則和氣日入。”

②嗇：愛惜。《說文》：“嗇，愛濇也。”周人治國有惜時省用的傳統，《大戴禮記·公符》載成王冠禮，周公使祝雍祝，即有“嗇於時，惠於財”之辭。《逸周書·程典》：“慎用必愛。（陳逢衡補注：此言慎用，節其流也。愛，惜也。）工攻其材，商通其財，百物鳥獸魚鱉，無不順時。生穡省用，不濫其度。”劉

師培云：《管子·五輔篇》云："纖嗇省用，以備饑饉。"注云："纖，細也。

嗇，悋也。”茲作生穡，穡、嗇古通，生即纖也。生、纖古音通轉。茲文假生爲纖。《左傳·僖二十一年》云：“省用務穡。”杜云：“穡，儉也。”儉、悋義符。彼以省用與務穡並詞，亦與茲文義近。又《國語·晉語四》云：“茂穡勸分，省用足財。”穡、用對文，茂、務音近，猶言勉爲儉穡也。案：河上公注謂“嗇，愛也。治國者當愛惜民財，不爲奢泰。”與上述西周古義相合。河上公注又云“治身者當愛惜精氣，不爲放逸”，則爲第二套話語。見《韓非子·解老》：“眾人之用神也躁，躁則多費，多費謂之侈；聖人之用神也靜，靜則少費，少費謂之嗇。”參看《呂氏春秋·先己》：“湯問於伊尹曰：‘欲取天下若何？’伊尹對曰：‘欲取天下，天下不可取。可取，身將先取。’凡事之本，必先治身，嗇其大寶。（高注：嗇，愛也。大寶，身也。）用其新，棄其陳，腠理遂通。精氣日新，邪氣盡去，及其天年，此之謂真人。”

③整理本指出，“𣅀”當是“𣋽”之異體，从日、棗聲，“棗”、“早”同音。簡文“是以𣋽”重，有三字衍出，當刪。

④帛書本、今本“備”作“服”。簡文“備”，殆爲本字。周人治國，和殷代一樣重視“有備無患”（《尚書·說命中》）。《國語·周語下》載單穆公回顧西周制度，感嘆“吾周官之於災備也，（韋注：周官，周六官。災備，備災之法令也。）其所怠棄者多矣。”又曰：“且夫備有未至而設之，（韋注：備，國備也。）有至而後救之，是不相入也。可先而不備謂之怠。”《墨子·七患》以桀紂滅亡爲戒，指出“故備者，國之重也”，又曰：“以其極賞，以賜無功；虛其府庫，以備車馬、衣裘、奇怪；苦其役徒，以治宮室觀樂。死又厚爲棺椁，多爲衣裘。生時治臺榭，死又修墳墓。故民苦於外，府庫單（殫）於內。上不厭其樂，下不堪其苦。故國離（離通罹，遭遇也）寇敵則傷，民見凶饑則亡（逃亡也），此皆備不具之罪也。”這就是春秋戰國之交，不少邦國國備荒殆的真實寫照。可見老氏“唯嗇是以早備”乃何等沈重之言，絕非無的放矢。嚴遵《指歸》卷四云：“故治國之道、生民之本，嗇爲祖宗。是故明王聖主，損形容，卑宮室，絕五味，滅聲色。”尚得此章原旨遺意。案：備、服二字，古音同爲職部並紐，韓非子所傳本已作“服”字，訓爲服從。其《解老》曰：“眾人離

於患，陷於禍，猶未知退，而不服從道理。聖人雖未見禍患之形，虛無服從於道理，以稱蚤服。”又曰：“夫能令故德不去，和氣日至者，蚤服者也。”韓非子所論，已發“自修有餘，故能有國”（見《指歸》卷四）之先聲。簡文“㝡備”下脫重文符號=。

⑤此處簡文殘缺，據帛書本和今本，可補爲“是胃【重= 積= 德= 則亡= 】不= 克= ”。

⑥整理本認爲簡文“亙”字訛誤，“從此章用韻看，當以作‘極’爲是。”案：亙讀爲極。《說文》：“極，竟也。从木，恆聲。亙，古文極。”（《集韻》居鄧切，ㄍㄣˋ。）徐鍇《繫傳》：“竟者，竟極之也。”可見“亙” 本有極、終極之義，簡文不誤。以用韻看，嗇、備、克、國均協職部韻，“亙”蒸部韻，陽入對轉，爲通韻，雖罕見但不能摒除其例。

⑦參看《韓非子 · 解老》：“夫能有其國，必能安其社稷；能保其身，必能終其天年；而後可謂能有其國，能保其身矣。夫能有其國，保其身者，必且體道；體道則其智深；其智深則其會遠；其會遠，衆人莫能見其極。唯夫令人不見其事極，不見事極者爲保其身、有其國，故曰：‘莫知其極。’莫知其極，則‘可以有國’。”

⑧《解老》：“母者，道也。”河上公注同。

⑨據帛書本，缺文可補作“長【久是胃深槿（根）固氐（氐）】”。

⑩朱謙之曰：“長生久視”爲當時通行語。《荀子 · 榮辱篇》云：“是庶人之所以取煖衣飽食、長生久視以免於刑戮也。”《呂氏春秋 · 重己篇》云：“世之人主貴人，無賢不肖莫不欲長生久視。”高誘注：“視，活也。”《老子》義同此。案以上簡文見今本第五十九章。

學者日益①，　爲道日員（損）②。員（損）之或員（損）③，以至亡爲3也④，　亡爲而亡不爲⑤。

𢇍（絕）學亡惪（憂）⑥，唯與可（呵）⑦，相去幾可（何）？ 𡵂（美）與亞（惡）⑧，相去可（何）若？ 4人之所禔（畏），亦不可以不禔（畏）⑨。

①帛書本作“爲學者日益”，簡文脫“爲”字。河上公注：“學，謂政教禮樂之學也。日益者，情欲文飾，日以益多。”參看《指歸》卷三所云：“鐘鼓琴瑟，間以竽笙，升降進退，飾象趨翔；禮儀三百，威儀三千，分外並爭，興事舞文；以辯相詘，以巧相勝，毫舉毛起，益以無窮。”

②河上公注：“道謂自然之道也。日損者，情欲文飾日以消損。”陳鼓應先生指出：“爲道”是通過暝想或體驗以領悟事物未分化狀態的“道”。這裡的“道”是指自然之“道”，無爲之“道”。

③“或”，猶“又”也。見《經傳釋詞》卷三。

④參看《指歸》卷三：“所言日微，所爲日寡，消而滅之，日夜不止。包以大冥，使民無恥；滅文喪事，天下自已；損之損之，使知不起；遁名亡身，保我精神；秉道德之要，因存亡之機；不爲事主，不爲知師；寂若無人，至於無爲。”

⑤參看《文子・道原》：“故天下之事不可爲也，因其自然而推之，萬物之變不可究也，秉其要趣而歸之。是以聖人內修其本，而不外飾其末，厲其精神，偃其智故，漠然無爲而無不爲，無治而無不治也。所謂無爲者，不先物爲也；無治者，不易自然也；無不治者，因物之相然也。”以上簡文見今本第四十八章。

⑥絕，棄絕。學，指時俗工巧之學，亦即《淮南子・俶真訓》所指斥的俗世之學。其論云：“是故聖人之學也，欲以返性於初，而游心於虛也。達人之學也，欲

以通性於遼廓，而覺於寂漠也。若夫俗世之學也則不然，擢德捲性，內愁五藏，外勞耳目，（高誘注：擢，取也。捲，縮也。皆不循其理，故愁其思慮。耳妄聽，目妄視，淫故勞也。）乃始招蟯振繾物之豪芒，（案：招蟯同招搖，謂炫耀、張揚。振繾，謂纏綿縈繞。），搖消掉仁義禮樂，（高注：未之能行也。王念謂搖消、掉捎聲近義同，皆動搖之意。）暴行越智於天下，（暴，表顯。越，宣揚。）以招號名聲於世。此我所羞而不爲也。”又，嚴遵曰：“俗學則尊辯貴知，群居黨議，吉人得之以益，兇人得之以損。天地之內吉人寡而兇人衆，故學之爲利也淺而爲害也深。夫兇人之爲學也，猶虎之得於羽翼，翺翔遊於四海，擇肉而食。聖人絕之，天下休息，不教而自化，不令而自伏。”（據王德有輯本，中華版，第139頁）可以參看。無憂，河上公注曰：“除浮華則無憂患也。”

⑦唯：象聲詞。應答聲也，用於對尊長表恭敬。《禮記·曲禮上》：“父召無諾，先生召無諾，唯而起。”鄭玄注：“應辭‘唯’恭於‘諾’。”簡文“可”，帛書甲本作“訶”。《說文》：“訶，大言而怒也。”《廣韻·歌韻》：“訶，責也。”多用於尊長對下人的斥責、訓斥。今本作“唯之與阿”。劉師培曰：“阿”作“訶”，唯之與訶，猶言從之與違也。

⑧“**溦**”，古微字之省形。借爲“美”。帛書本同簡本，今本作“善之與惡”。河上公注：“善者稱譽，惡者諫諍，能相去何如？疾時惡忠直，用邪佞也。”疑簡文“美”、“惡”皆用如動詞，指或被讚美，或被厭惡。

⑨“人之所畏”，有兩種理解，一指人們所畏懼的事，一指人們所畏敬的人。（“所”字詞性和用法，參看王力《漢語語法史》第五章。）《淮南子·道應訓》載：“成王問政於尹佚曰：‘吾何德之行，而民親其上？’對曰：‘使之以時，而敬順之。’王曰：‘其度安在？’曰：‘如臨深淵，如履薄冰。’（順與慎同。劉文典案：‘其度安至’者，謂敬慎之度何所至，猶言當如何敬慎也。下文‘如臨深淵，如履薄冰’，正言敬慎之度所至也。）王曰：‘懼哉，王人乎！’尹佚曰：‘天地之間，四海之內，善之則吾畜也，不善則吾讎也。昔夏、商之臣反讎桀、紂而臣湯武，宿沙之民皆自攻其君而歸神農，此世之所明知也。如何

其無懼也？’故老子曰：‘人之所畏，不可不畏也。’”據此，二句意爲，君王是人們所畏敬的人，但對自己的臣民也不能不心懷敬慎畏懼之心。上古君道有此內容，《尙書‧皋陶謨》：“達於上下，敬哉有土！”孔傳：“有土之君，不可不敬懼。”《詩‧大雅‧抑》：“敬慎威儀，維民之則。”《逸周書‧大戒》載周公告成王曰：“我不畏敬，材在四方。”孔晁注：“在四方，言野多遺賢，或且以資敵。”皆是其證。帛書乙本作“人之所畏，亦不可以不畏人。”劉殿爵先生指出，“今本的意思是，別人所畏懼的，自己也不可不畏懼。而帛書本的意思卻是，爲人所畏懼的——就是人君——亦應畏懼怕他的人。兩者意義很不相同，前者是一般的道理，後者則是對人君者所說有關治術的道理。”其說甚有見地。（見所撰《馬王堆漢墓帛書〈老子〉初探》，1982年9月號《明報月刊》）又，簡文“亦不可以不禋”之後有一小橫畫，類似句逗符號。以上簡文見今本第二十章首段。

人態（寵）辱若纓（攖）①，貴大患若身②。可（何）胃（謂）態（寵）
5辱③？態（寵）爲下也④，得之若纓（攖），遊（失）之若纓（攖）
⑤，是胃（謂）態（寵）辱纓（攖）⑥。□□□□□6若身⑦？虗
（吾）所以又（有）大患者，爲虗（吾）又（有）身。返（及）虗（吾）
亡身，或【可】（何）□□□□□□⑧爲天下，若可以厇（託）
天下矣⑨。炁（愛）以身爲天下，若可（何）以迲天下矣⑩8。

①句首“人”字，爲他本所無。

寵：榮耀、尊寵。《國語·楚語上》：“其寵大矣。”韋注：“寵，榮也。”簡文殆爲偏義複詞，“寵辱”者，指榮寵也。若：《釋文》引顧歡云：“若，而也。”

纓：讀爲攖（ㄧㄥ），擾亂、侵擾。《廣雅·釋詁三》：“攖，亂也。”《莊子·在宥》載老聃曰：“女慎無攖人心，人心排下而進上，（郭注：排之則下，進之則上，言其易搖蕩也。成疏：人心排他居下，進己在上，皆常情也。）上下囚殺，（成疏：溺心上下，爲境所牽，如禁之囚，攖煩困苦。）……僨驕而不可係者，其唯人心乎！（郭注：人心之變，靡所不爲。順而放之，則靜而自通；治而係之，則跂而僨（ㄈㄣˋ）驕。僨驕者，不可禁之勢也。）”

帛書本、今本“纓”皆作“驚”，簡本作“纓（攖）”於義爲勝。

②貴：《釋文》：“重也。河上云：畏也。”案：疑貴讀爲遺（ㄨㄟˋ），與也、加也。《楚辭·九歌·湘君》：“將以遺兮下女。”王逸注：“遺，與也。”《詩·邶風·北門》：“王事敦我，政事一埤遺我。”毛傳：“遺，加也。”又，《莊子·天下》：“道則無遺者矣。”《釋文》：“遺本又作貴。”《楚辭·九懷》：“道莫貴兮歸真。”《考異》：“貴一作遺。”此“貴”、“遺”通用之佐證。若：及也。河上公注“至也。”簡文二句意爲，人們因榮寵而困

擾紛亂，把大患加到了自己身上。

③帛書本、王弼本、傅奕本皆作“何謂寵辱若驚”，河上本、景龍碑本、燉煌本無“若驚”二字，與簡本同。

④帛書本作“寵之爲下也”，王弼本、傅奕本同簡本。

⑤兩句中“若”，訓爲“亦”。參看《古書虛字集釋》卷七：“若，猶‘亦’也。”

⑥簡文“辱”下脫“若”字。《淮南子・俶真訓》曰：“且人之情，耳目應感動，心志知憂樂，手足之攢疾痒、辟寒暑，所以與物接也。蜂蠆螫指而神不能憺，蚊虻噆膚而知不能平。夫憂患之來攖人心，非直蜂蠆之螫毒而蚊虻之慘怛也，而欲靜漠虛無，奈之何哉？”

案：之所以“寵爲下”，是因爲它引發的患得患失攖亂人心，有悖於道家清靜無爲之旨。參看《文子・十守・守法八》：“虛靜爲主，虛無不受，靜無不持，知虛靜之道，乃能終始，故聖人以靜爲治，以動爲亂。故曰勿撓勿攖，萬物將自清；勿驚勿駭，萬物將自理，是謂天道。”《莊子・庚桑楚》述老子告南榮趎曰：“夫至人者，相與交食乎地而交樂乎天，不以人物利害相攖，不相與爲怪，不相與爲謀，不相與爲事，翛然而往，侗然而來。是謂衛生之經已。”成疏：“攖，擾亂也。夫至人虛心順世，與物同波，既不以事爲事，何利害之能擾乎！”

⑦據帛書本、今本，此句可補爲“【何謂貴大患】若身”。參看王弼注：“大患，榮寵之屬也。生之厚必入死之地，故謂之大患也。人迷之於榮寵，返之於身，故曰大患若身也。”

⑧據帛書本、今本，此處可補爲“或何【患焉？故貴以身】爲天下”。

⑨“爲天下”之“爲”，《釋文》：“于僞反”，讀去聲。清代王念孫父子則指出，此二句之“爲”（ㄨㄟˊ），猶“於”也，說詳《經傳釋詞》卷一、卷二。《莊子・在宥》引作“故以身於爲天下，則可以託天下；愛以身於爲天下，則可以寄天下。”朱謙之校釋：《莊子》引文，惟上句衍一“爲”字，下句衍一“於”字。帛書本作“故貴爲身於爲天下，若可以迈天下矣；愛以身爲天下，女可以

寄天下"。河上公本作"故貴以身爲天下者，則可寄於天下；愛以身爲天下者，乃可以託於天下"。王弼本甚近於簡本。簡文中兩"若"字，訓爲"乃"，說詳《詞詮》卷五。

⑩迲：疑讀爲 弆（ㄐㄩˇ），掌物；執掌。《左傳·昭公十九年》："紡焉以度而去之。"孔穎達疏："《字書》：'去作弆，羌莒反，謂掌物也。'今關西仍呼爲弆，東人輕言爲去，音莒。"又《禮記·曲禮下》疏《周禮》干注："凡言掌者，主其事也。"簡文"迲（弆）天下"，猶言主天下。參看《呂氏春秋·貴生》："天下，重物也，而不以害其生，又況於它物乎？惟不以天下害其生者也，可以托天下。"同書《本生》："能養天之所生而勿攖之謂天子。天子之動也，以全天爲故者也。此官之所自立也。立官者以全生也。今世之惑主，多官而反以害生，則失所爲立之矣。"可以發明二句簡文之旨。以上簡文見今本第十三章。

上士昏（聞）道，堇（勤）能行於其中①。中士昏（聞）道，
若昏（聞）若亡。下士昏（聞）道，大芺（笑）之。弗大9芺（笑），
不足以爲道矣。是以建言又（有）之②：明道女（如）孛（費）
③，遲（夷）道□□④，□10道若退⑤。上悳（德）女（如）浴（谷），
大白女（如）辱⑥，坣（廣）悳（德）女（如）不足⑦，建悳（德）
女（如）□⑧，□貞（真）女（如）愉⑨11。大方亡禺（隅），大
器曼成⑩，大音祗聖（聲）⑪，天象亡茔（形）⑫，【道】……
⑬12。

①裘先生按：帛書乙本此句作"上【士聞】道，堇能行之"，劉殿爵《馬王堆漢墓帛書〈老子〉初探》認爲"堇"不當從今本讀爲"勤"，而應讀爲"僅"。簡本作"堇能行其中"，從這語氣看，"堇"字似應從劉說讀爲"僅"。

②奚侗曰："建言"，當是古載籍名。高亨曰："建言"，殆《老子》所稱書名也。《莊子・人間世篇》引《法言》，《鶡冠子・天權篇》引《逸言》，《鬼谷子・謀篇》引《陰言》，《漢書・藝文志》有《讕言》（班自注"不知作者"），可證名書曰言，古人之通例也。

③整理本指出，帛書乙本作"費"，帛書整理小組云："費疑當作昒"。可從。案：孛讀爲𣈆（ㄅㄟˋ），《集韻・隊韻》："𣈆，暗也。"《文選・左思：吳都賦》："旭日晻𣈆"李善注："𣈆亦闇也。"

④缺文據帛書本補作"若類"。遲借爲夷，《說文》："夷，平也。"類讀爲纇（ㄌㄟˋ），《左傳・昭公十六年》："刑之頗纇。"服虔注："讀類爲纇。纇，不平也。"（據《玉函山房輯佚書》三十四卷）

⑤缺字據帛書本、今本補爲"進"。

⑥《廣雅・釋詁三》："辱，污也。"河上公注："大潔白之人若汙辱，不自彰

顯。"

⑦坐，古"往"字，借爲廣。帛書本、今本同。《莊子·寓言》引此句作"盛德若不足"，《淮南子·說林訓》作"大德"。參看《逸周書·太子晉》論"由舜而下，其孰有廣德"。

⑧缺字據王弼本、景龍碑本補爲"偷"。俞樾曰：今按建讀爲健。《釋名·釋言語》曰："健，建也，能有所建爲也。"是"建"、"健"音同，而義亦得通。"健德者偷"，言剛健之德，反若偷惰也。正與上句"廣德若不足"一律。

⑨整理本以"貞"爲"真"之借字，於古音似未妥。"貞"字不必破讀，《逸周書·謚法》："清白守節曰貞。"據帛書本、今本，此句宜補作"【質】貞若愉（渝）"。《爾雅·釋言》："渝，變也。""貞"之與"渝"，對文反義，與以上七句句例一律。

⑩曼，帛書本作"免"，今本作"晚"，皆明紐元部字。裘先生按："疑當讀爲'趨（慢）'。"案之《說文》："趨，行遲也。"段注："今人通用慢字。"《詩·鄭風·大叔于田》："叔馬慢忌。"毛傳："慢，遲也。"《廣雅·釋詁二》："慢，緩也。"

⑪祗（ㄓ）：裘先生按，今本此字作"希"，"祗""希"音近。案《周禮·春官·司服》："祭社、稷五祀則希冕。"鄭玄注："希讀爲黹。"《廣韻·上聲·五旨》引此經文亦作"黹冕"。《說文》無希字。段玉裁"疑希者，古文黹也。从巾，上象繡形。"是知希與黹古音皆爲脂部端紐，與祗同韻部，準雙聲。"大音祗聲"猶言大音病聲、大音亡聲，亦即無聲之聲。參看《指歸》卷一："是以大音希聲，告以不言。言於不言，神明相傳；默默不動，天下大通。無聲而萬物駭，無音而萬物唱；天地人物，無期俱和，若響應聲。"

⑫帛書乙本亦作"天象無刑（形）"，整理小組以"天"爲"大"之訛。今本作"大象無形"。

⑬整理本指出："此簡'道'字以下殘去部份可容七～八字。帛書乙本此下至章末作'褒無名夫唯道善始且善成'，字數較多。估計兩者文字並不完全一致。"以上簡文見今本第四十一章。

閟(閉)其門，賽(塞)其逸(兌)①，終身不丞②。啓其逸(兌)，賽其事③，終身不逨④■。

①此二句亦見於《老子》甲組第27號簡、今本第五十六章。奚侗曰："《易．說卦》：'兌爲口。'引申凡有孔竅者可云'兌'。……塞兌，閉門，使民無知無欲。"帛書本、今本語序不同，"閉其門"在"塞其兌"之前。

②丞：同"嵍"(ㄨㄟ)，借爲瞀(ㄇㄠㄟ)，眩亂。《玉篇》："瞀，目不明皃。"《莊子．徐無鬼》："予適有瞀病。"成玄英疏："謂風眩冒亂也。"又《楚辭．九章．惜誦》："中悶瞀之忳忳。"王逸注："瞀，亂也。"指內心煩惑紛亂。

③賽：整理本指出，疑讀爲"寋"(ㄙㄜㄟ)，《說文》："寋,實也"。《廣雅．釋詁一》："安也。"案：朱駿聲曰："經傳皆以'塞'爲之。"

④逨：疑讀爲勑(ㄔㄟ)。《廣雅．釋詁一》："勑，順也。"王念孫疏證："卷二云：'敕，理也。'理亦順也。勑與敕通。"《集韻．職韻》："敕，或作勑。"此節丞(瞀)、事、逨，幽之合韻，《楚辭．天問》有此韻例。帛書甲本作"啓其悶(門)，濟其事，終身□□"，乙本作"啓其境(兌)，齊其【事，終身】不棘"，今本末句作"終身不救"。以上簡文見今本五十二章。

大成若13夬（缺），其甬（用）不幣（敝）。大浧（盈）若中（盅）①，其甬（用）不穿（窮）②。大攷（巧）若佡（拙），大成若詘③，大植（直）14若屈④■。喿（燥）勳（勝）蒼（滄），青（清）勳（勝）然（熱），清清（靜）爲天下定（正）⑥。

①帛書甲本作"大盈若㴔"，㴔亦讀爲盅（ㄔㄨㄥ）。《說文》："盅，器虛也。从皿、中聲。《老子》曰：道盅而用之。"許慎所引見《老子》今本 第四章。

② 穿："窮"字之省形。帛書甲本作"𥨪"，借爲窘，《說文》："窘，迫也。"《詩·小雅·正月》："又窘陰雨。"毛傳："窘，困也。"

③大成若詘：大成，指九成之樂，亦通聖、善境界的金聲玉振之樂。《尚書·益稷》："簫韶九成。"孔疏引鄭玄曰："成，猶終也。每曲一終，必變更奏。故《經》言九成，《傳》言九奏，《周禮》謂之九變，其實一也。"九者，數之極也，九成亦可謂大成。帛書《五行》303行："大成也者，金聲玉辰（振）之也。"參看郭店楚簡《五行》："君子之爲悳（德）也，【有與始，無與】終也。金聖（聲）而玉晨（振）之，又（有）悳（德）者也。金聖（聲），善也；玉音，聖也。""君子集大成。"詘（ㄑㄩ）：樂曲終止貌。《禮記·聘義》："叩之，其聲清越以長，其終詘然，樂也。"鄭注："樂作則有聲，止則無也。詘，絕止貌也。《樂記》曰：止如槁木。"（文亦見《孔子家語·問玉》）此句對應之句，帛書本作"大贏若炳<訥>"，今本作"大辯若訥"，皆失簡本所存古義。又，13號簡"大成若缺"，"大成"則指事功圓滿有成，參看《易·井卦·象傳》："元吉在上，大成也。"虞翻曰："成既濟定，故'大成'也。"《詩·小雅·車攻》："允矣君子，展以大成。"孔疏："其功大成，言太平也。"

④整理本指出，以上三句帛書甲本作"大直若詘，大巧若拙，大贏若炳"，句序和簡文不同。

⑤勑：讀爲乘（ㄔㄥˊ）。《尙書・西伯戡黎序》："周人乘黎。"孔傳："乘，勝也。"《呂氏春秋・權勳》："天下兵乘之。"高注："乘，猶勝也。"蒼讀爲滄（ㄘㄤ），《說文》："滄，寒也。"《逸周書・周祝》："天地之間有滄熱，善用道者終不竭。"孔晁注："滄，寒。"此二句帛書本作"趮（躁）勝寒，靚（靜）勝炅（熱）"。

⑥今本同簡本，帛書本作"清靚（靜）可以爲天下正。"河上公注："能清能靜，則爲天下之長。"參看《呂氏春秋・君守》："得道者必靜，靜者無知，知乃無知，可以言君道也。故曰：中欲不出謂之扃，外欲不入謂之閉。既扃而又閉，天之用密；有準不以平，有繩不以正，天之大靜。既靜而又寧，可以爲天下正。"以上簡文見於今本第四十五章。

善建者不拔①，善休者15不兌（脫）②。子孫以其祭祀不屯〈乇〉③。攸（修）之身，其惪（德）乃貞（真）④。攸（修）之豪（家），其惪（德）又（有）舍（餘）。攸（修）16之向（鄉），其惪（德）乃長。攸（修）之邦，其惪（德）乃奉（豐）。攸（修）之天【下】□□□□□□□17豪（家）⑤，以向（鄉）觀向（鄉），以邦觀邦，以天下觀天下。虛（吾）可（何）以智（知）天□□□□□⑥18。

①河上公注："建，立也。善以道立身立國者，不可得引而拔之。"參看《文子·尚仁》："人君之道，無爲而有就也，有立而無好也；有爲即議，有好即諛；議即可奪，諛即可誘。夫以建而制於人者，不能持國。故'善建者不拔'，言建之無形也。"

②整理本指出：休，疑是"保"字簡寫。今本此字作"抱"，"保""抱"音義相近。

案：此句言抱一守樸。今本第二十二章："聖人抱一爲天下式。"河上公注："抱，守也。式，法也。聖人守一，乃知萬事，故能爲天下法式也。"

③整理本指出，簡文爲"屯"字的省形。裘先生按：從字形看，似爲"乇"字。今從裘說。疑乇借爲斱（ㄘㄨㄛˋ），二字古韻同隸鐸部，其聲舌、齒鄰紐，音相近。《廣雅·釋詁一》："絕、斱，斷也。"帛書本作"絕"、今本作"輟"，河上公注："輟，絕也。"

④貞：正。《尚書·旅獒》："不役耳目，百度惟貞。"孔傳："言不以聲色自役，則百度正。"《文選·陸機：贈尚書郎顧彥先詩之一》李善注引《尚書》孔傳："貞，正也。"簡文謂其身修德以貞，身正而百度正，尚有周人以"貞"爲九德之一古義。（《逸周書·常訓》）而《韓非子·解老》所據本已作"修之

身，其德乃真”，用“身以積精爲德”說解，謂“真者，慎之固也”，已與簡本有別。帛書本、今本亦作“真”。

⑤據帛書乙本，缺字可補爲“【其德乃博（溥），以家觀】豪（家）”。

案：帛書本、今本“以家觀家”句之前有“以身觀身”，簡本無。

⑥參看帛書乙本，作“吾何【以】知天下之然茲（哉）？以【此】。”以上簡文見於今本54章。

丙　組

太上下智（知）又（有）之①，其即（次）新（親）譽之②，其既〈即（次）〉愄（畏）之③，其即（次）柔（侮）之④。信不足，安1又（有）不信⑤。猷（猶）虐（乎）其貴言也⑥。成事述（遂）社（功）⑦，而百眚（姓）曰我自肰（然）也⑧。古（故）大2道登（廢），安有悬（仁）義⑨。六新（親）不和，安有孝學（慈）。邦冢（家）緍（昏）□⑩，【安】又（有）正臣⑪3。

①大上：即"太上"，猶言最上、最高。《墨子·親士》："太上無敗，其次敗而有以成。"孫詒讓閒詁："太上，對'其次'爲文，謂等之最居上者。"蔣錫昌《老子校詁》指出，相同的句式亦見於《左傳·襄公二十四年》、《魏策二》、《呂氏春秋》之《禁塞》、《謹聽》等篇。河上公注："下知有之者，下知上有君，而不臣事，質樸也。"參看《論衡·須頌》："孔子稱：'大哉，堯之爲君也！唯天唯大，唯堯則之。蕩蕩乎民無能名焉。'或年五十，擊壤於塗。或曰：'大哉，堯之德也。'擊壤者曰：'吾日出而作，日入而息，鑿井而飲，耕田而食，堯何等力？'……夫孔子及唐人言'大哉'者，知堯德，蓋堯盛也；擊壤之民云'堯何等力'，是不知堯德也。""堯何等力？"《帝王世紀》作"帝力何有於我哉！"

②河上公注："其德可見，恩惠可稱，故親愛而譽之。"

③河上公注："設刑法以治之。"參看《逸周書·史記》："嚴兵而不仁者，（朱右曾校釋：嚴兵猶嚴刑也。）其臣懾。其臣懾而不敢忠，不敢認則民不親其吏。

刑始於親，遠者寒心，殷商以亡。”

④整理本指出，“𫐀”，簡文字形从“矛”从“人”。《古文四聲韻》引《古孝經》“侮”字即从“矛”从“人”，與簡文同。《禮記·曲禮》：“不侵侮。”釋文：“侮，輕慢也。”《說苑·權謀》：“侮上者，逆之道也。”河上公注：“禁多令煩，不可歸誠，故欺侮之。”參看《文子·道德》：“法煩刑峻，即民生詐。上多事，下多態。求多即得寡，禁多即勝少。以事生事，又以事止事，譬猶揚火而使無焚也。”《呂氏春秋·適威》：“故禮煩則不莊，業煩則無功，令苛則不聽，禁多則不行。桀紂之禁，不可勝數，故民因而身爲戮（《群書治要引作‘故民不用而身爲戮。’》）”

⑤帛書本同，河上公本、王弼本後一句作“焉有不信焉”。王念孫曰：案無下“焉”者是也。“信不足”爲句，“焉有不信”爲句。“焉”，於是也，言信不足，於是有不信也。《呂氏春秋·季春篇》注曰：“焉，猶於是也。”……後人不曉“焉”字之義，而誤“信不足焉”爲一句，故又加“焉”字於下句之末，以與上句相對，而不知其謬也。

案：王說是也。簡文正作“信不足，安（焉）有不信。”安讀爲焉，說詳本書甲組19號簡注⑥。

案：河上公注謂“君信不足於下，下則應之以不信，而欺其君也”，頗得此句本義。

⑥帛書本作“猶呵”，河上公本作“猶兮”，王弼本作“悠兮”。猶：舒遲貌，舒和貌。《荀子·哀公》：“故猶然如將可及者，君子也。”楊注：“猶然，舒遲之貌。所謂‘瞻之在前，忽然在後’。《家語》作‘油然’，王肅曰：‘不進貌也。’”《逸周書·官人》：“喜色猶然以出。”朱右曾校釋：“猶然，舒和貌。”

⑦帛書本作“成功遂事”，今本作“功成事遂”。

⑧“曰”帛書本作“胃（謂）”，今本作“皆謂”。

⑨“安”亦讀爲“焉”，下同。帛書本此句後有“知快（慧）出，案（焉）有大

僞。”今本作“智慧出，有大僞”。

⑩整理本指出，簡文所缺文字，帛書本作“亂”。裘先生按：簡文此字尚殘存上端，與《老子》甲二六號簡“亂”字之形相合。

⑪正臣：帛書本作“貞臣”，今本作“忠臣”。《楚辭・七諫・沈江》：“正臣端其操行兮，反離謗而見攘。”王逸注：“言正直之臣，端其心志欲以輔君，反爲讒人所謗訕。”《漢書・劉向傳》：“正臣進者，治之表也；正臣陷者，亂之機也。”以上簡文見今本第十七、十八章。

執大象①，天下往②。往而不害，安坪（平）大③。樂與餌，怨（過）客止④。古（故）道□□□4淡可（呵）其無味也⑤。視之不足見，聖（聽）之不足餌（聞）⑥，而不可既也⑦5。

①裘錫圭先生按："此句首字實爲'埶'，當讀爲'設'，各本作'執'恐誤，別有說。"

柬釋屬稿至此，裘先生專文尚未刊佈，未及拜讀，但其說對揭示老學古義十分重要，不揣淺陋，試加申說。案：埶（ㄧˋ）古有兩讀，《經典釋文》卷二十八《莊子音義下·盜跖》："究埶，音勢，本亦作勢。一音藝。"讀如勢，古音爲月部書紐，與"設"音同，故得通借。"設大象"典出西周古制"設象"，《國語·齊語》："管子對曰：昔吾先王昭王、穆王，世法文、武遠績以成名，合群叟，比校民之有道者，設象以爲民紀。"韋注："設象，謂設教象之法於象魏也。《周禮》：'正月之吉，懸法於象魏，使萬民觀焉，挾日而斂之。'所以爲民紀綱也。"韋昭所引，見《周禮·天官·大宰》。象魏，是古代天子、諸侯宮門外的一對高建築，稱爲"闕"或"觀"。賈公彥疏："鄭司農云：'象魏，闕也'者，周公謂之象魏，雉門之外，兩觀闕高魏魏然，孔子謂之觀。"韋注及引文未詳，《大宰》原文："正月之吉，始和布治于邦國都鄙，乃縣治象之法于象魏，使萬民觀治象，挾日而斂之。"鄭玄注："大宰以正月朔日，布王治之事於天下，至正歲，又書而縣於象魏，振木鐸以徇之，使萬民觀焉。小宰亦帥其屬而往，皆所以重治法、新王事也。凡治有故，言'始和'者，若改造云爾。……從甲至甲謂之挾日，凡十日。"所謂"治象"，；指記載政教法令的文字。孫詒讓正義："云'至正歲又書而縣於象魏'者，書謂以治象書於版而縣之。《說文》云：'縣，繫也。'凡書著文字，通謂之象。《司常》說旗識云'皆畫其象焉'。杜注云'畫當爲書'，與'治象'義略同。"

案：西周舊制的"設象"，猶是陳列形之於文字的政教法令，以爲萬民所觀所誦，《老子》書中的"大象"則昇華爲無形無聲的大道之象，乙組12號簡文云：

"天〈大〉象亡埅（形）。"參看《文子·微明》："道者，所謂'無狀之狀，無物之象'也，無達其意，天地之間，可陶冶而變化也。"

②參看河上公注："聖人守大道，則天下萬民移心歸往之也。"《指歸》卷四："建無狀之，立無象之式，恐彼知我，藏於不測。故未動而天下應，未命而萬民集，未戰而素勝之，未攻而天下服。"

③今本作"安平太"。王引之《經傳釋詞》卷二："安，乃也。《老子》曰：'往而不害，安平太。'言往而不害，乃得平泰也。"太，同"泰"，謂通達、康寧。《廣雅·釋詁一》："泰，通也。"

④樂與餌：音樂與飲食，周代貴族日常宴飲，都要以樂助食。《周禮·天官·膳夫》："王日一舉，鼎十有二，物皆有俎，以樂侑食。"鄭注："侑猶勸也。"《禮記·王藻》："奏而食。"鄭注："奏樂也。"禮樂制度下，凡祭祀、喪事、酬賓，皆有音樂、食物進獻。《禮記·月令》："天子飲酎，用禮樂。"《周禮·春官·磬師》："凡祭祀飨食，奏燕樂。"
餌：食品。《一切經音義》九引《蒼頡篇》："餌，食也。案几幾食之物皆曰餌也。"又特指糕餅，《楚辭·招魂》所列美食有"蜜餌"，洪興祖補注："餌，粉餅也。"此二句言，音樂和美食，使來往的客人止步不前。

⑤此句帛書本作"故道之出言也"。今本作"道之出口"，《詩·小雅·都人士》："其容不改，出言有章。"鄭箋："吐口言語，又有法度。"
案：王弼注："道之出言，淡然無味"，得其誼。參看《文子·道德》："文子問曰：'王者得其歡心，爲之奈何？'老子曰：'若江海即是也，淡兮無味，用之不既，先小而後大。夫欲上人者，必以其言下之；欲先人者，必以其身後之。天下必效其歡愛，進其仁義，而無苛氣。'

⑥參看《文子·道原》："清靜者，德之至也；柔弱者，道之用也；虛無恬愉者，萬物之祖也。二者行，則淪於無形。無形者，一之謂也。一者，無匹合於天下也。布德不溉（既），用之不勤（瘽），視之不見，聽之不聞。"
⑦河上公注："既，盡也。"以上簡文見今本第三十五章。

君子居則貴左①，甬（用）兵則貴右②。古（故）曰兵者□□□□□③6，□得已而甬（用）之④。銛纕爲上⑤，弗媺（美）也。㪉〈美〉之⑥，是樂殺人⑦。夫樂□□□7以得志於天下⑧。古（故）吉事上左，喪事上右。是以卞（偏）牆（將）8軍居左，上牆（將）軍居右⑨，言以喪豊（禮）居之也⑩。古（故）【殺】□□⑪9，則以依（哀）悲位（莅）之⑫；戰𠡦（勝）則以喪豊（禮）居之⑬10。

①《左傳·桓公八年》："楚人上左。"楊伯峻注："春秋諸國，多以右爲上，左爲下。左傳敘周、鄭之師，皆先書右而後書左，敘宋之六官，亦先右師而後左師，敘晉作三行，亦先右行而後左行。惟敘楚師，則先左而後右，如僖二十八年傳云：'子西將左，子上將右'，是以楚人以左爲上。"朱謙之亦認爲《左傳》此語，與《老子》"君子居則貴左"、"吉事尚左"之俗相合。

②案之古代陰陽大義，右爲陰，陰主殺，主隱覆，主奇密。"以奇用兵"者，故貴陰貴右，以求必勝。參看《淮南子·兵略訓》："兵貴謀之不測也，形之隱匿也，出於不意，不可以設備也。謀見則窮，形見則制。故善用兵者，上隱之天，下隱之地，中隱之人。"

③"兵者"，指兵器、武器。《說文》："兵，械也。"段注："械者，器之總名。"簡文缺字，據帛書本可補作"非君子之器"，或"不祥之器也"。以後者補文，於義爲長。《國語·越語下》載范蠡曰："夫勇者（《史記》作'戰者'），逆德也；兵者，凶器也；爭者，事之末也。陰謀逆德，好用凶器，始於人者，人之所卒也。（韋注：始以伐人，人終害之。）"

④缺字當爲"不"。帛書本、今本皆作"不得已"。

⑤銛纕：帛書甲本作"銛襲"，整理小組曰："銛、恬古音同，襲、淡古音相近"。

乙本作“銛憶”，整理小組曰：“憶，甲本作襲。此从心，蓋即讋（ㄓㄜˊ）之異體，與慴（ㄓㄜˊ）音義略同。銛憶讀爲恬惔（ㄊㄢˊ）。”皆拘泥於今本作“恬淡”爲說，其實今本作“恬淡”與上下文意扞格難通，頗費解，朱謙之甚至懷疑爲古注竄入。案：此二字乃聯合詞組。銛（ㄒㄧㄢ），《集韻》：“思廉切，或作錟。”二字古音同，蓋“銛”又有定紐一讀，故皆爲談部定紐。錟（ㄊㄢˊ），《說文》：“長矛也。”與“修鎩”同，“鎩”爲長刃矛。襲：讀爲鈒（ㄙㄜˋ），二字同隸緝部，其聲邪、心旁紐，故得通借。《急就篇》第十八章：“鈒戟鈹鎔劍鐔鍭。”顏師古注：“鈒，短矛也。”《說文》：“鈒，鋋也。”朱駿聲《通訓定聲》：“鈒，小矛，用以戰。”鋋（ㄔㄢˊ，又音ㄧㄢˊ），《說文》：“小矛也。”又，帛書乙本之“憶”非讋字異體，憶（ㄌㄨㄥˇ），《廣韻》：“憶悷，不調。力董切。”或帛書之“憶”爲“聰”字異體，音ㄌㄨㄥˇ，《集韻》：“聰，聰悤，遽皃。盧東切。”古音皆从龍得聲，東部。（襲、讋，从龖（ㄉㄚˊ）得聲，緝部。）憶讀爲鏦（ㄘㄨㄥ），二字古韻同隸東部，其聲舌齒鄰紐，故得通借。聯綿字“巃嵸”、“憶悤”也表明龍、從古音甚近，曾有雙聲疊韻的關係。《說文》：“鏦，矛也。”《廣韻》：“鏦，短矛。”《方言》卷九：“矛、吳、揚、江、淮、南楚、五湖之間（引者案：以上在戰國時皆先後歸楚國。）謂之鍦，或謂鋋，或謂之鏦。”總上所述，襲（鈒）、憶（鏦），皆爲短矛，古義存乎聲，不拘於形也。可見帛書甲、乙本的“銛（錟）襲（鈒）”、“銛（錟）憶（鏦）”，其義皆爲“長矛和短矛”。簡文“銛纏”實同於帛書乙本“銛憶”，（“纏”字亦從龍聲孳乳而出，或爲“纚”字繁構。）其義亦同。“錟鏦”是楚國有名的銳利武器，亦即“修鎩短鏦”，見《淮南子·兵略訓》：“楚人蛟革犀兕以爲甲冑，修鎩短鏦，齊爲前，積弩陪後，錯車衛旁，疾如錐〈鍭〉矢，合如雷電，解如風雨。”二矛長短配合，銳不可擋。可見，簡文稱“銛纏（鏦）爲上”，是言之有據的。“弗美也”今本作“勝而不美”，簡本、帛書無前二字。

⑥整理本指出：敓係“媺（媺）”字訛體。美色之“美”，《說文》作“媄”，典籍或作“媺”。

⑦以上兩句意爲，長矛和短矛是上等的兵器，但不能讚美它。如果讚美它，這就

意味著以殺人爲快樂。

⑧帛書本作“夫樂殺人”，今本作“夫樂殺人者”，羅振玉曰：“景龍本、敦煌本均無‘人’字”。據此，簡文缺字可補爲“夫樂【殺，不可】以得志於天下。”《易·賁卦·象傳》：“白賁無咎，上得志也。”虞翻注：“上之五得位，體成既濟，故曰得志。”簡文此句言，以殺戮爲快樂，就不可能在天下實現自己的志願而取得成功。

⑨偏將軍，即裨（ㄆㄧˊ）將軍。《集韻·支韻》：“裨，將之偏副。”《漢書·項籍傳》：“籍爲裨將。”顏師古注：“裨，助也，相副助也。”楚國職官有裨將軍。《史記·楚世家》：“楚懷王十七年，秦大敗我軍，斬甲士八萬，虜我大將軍屈匄、裨將軍逢侯丑等七十餘人。”楚職官亦有上將軍，《說苑·尊賢》：“齊使申繻將，則楚發五萬人，使上將軍將之，至禽將首而反耳。”居：處於。

⑩喪禮：“以兇禮哀邦國之憂”，又分五種進行哀弔的禮儀，即喪禮、荒禮、弔禮、禬禮、恤禮。《周禮·春官·大宗伯》：“以喪禮哀死亡。”說祥孫詒讓《周禮正義》卷三十四。居：治理；處理。《逸周書·作雒》：“士居國家，得以諸公大夫。”孔晁注：“居，治也。”今本“居”作“處”。帛書同簡本。

⑪據帛書甲本，簡文可補爲“古（故）殺人眾”。

⑫位借爲莅（ㄌㄧˋ），《廣韻·至韻》：“莅，臨也。”臨視、治理之意。《說文》：“ 竦，臨也。”王筠句讀：“謂臨視之也。經典借‘涖’，或作‘莅’。”帛書本作“立”，今本作“泣”，皆爲“莅”之借字。

⑬末尾“居之”，帛書本今本作“處之”。此二句意爲，所以戰爭中殺人眾多，就應懷著悲天憫人之心去臨陣處置，戰勝了也應按照喪禮的儀式加以辦理。以上簡文見今本三十一章中、下段。

爲之者敗之，執之者遊（失）之①。聖人無爲，古（故）無敗也；無執，古（故）口口口②11。新（慎）終若訂（始）③，則無敗事喜（矣）。人之敗也，亙（恆）於其　（且）成也敗之④。是以口12人欲不欲，不貴　（難）得之貨；學不學，復眾人之所　（過），是以能補（輔）　（萬）勿（物）13之自肰（然），而弗敢爲⑤14。

①本章文字亦見於《老子》甲組第10至13號簡。此句甲組10號簡作"執之者遠之"。

②據甲組簡文及帛書本，此句可補作"古（故）【無遊（失）也】。"

③《老子》甲組第11號簡文，在"慎終如始"句前有"臨事之紀"四字。
案："慎終如始"爲先秦經籍數見之格言，除甲組11號簡注③所引外，尚有《左傳·昭公五年》："敬始而思終，終無不復。"杜注："事皆可復行。"《左傳·襄公二十五年》："《書》曰：'慎始而敬終，終以不困。'"《尚書·仲虺之誥》："慎厥終，惟其始。"《禮記·文王世子》："舉大事，必慎其終始。"等。

④此句帛書本作"民之從事也，恆於其成事（乙本無'事'字）而敗之"，傅奕本作"民之從事，常於其幾成而敗之"，今本作民之從事，常於幾成而敗之，而且均置"慎終如始"句前。"　"（ㄓㄚ）爲且聲孳乳之字，古音與"且"同爲魚部精紐字，故得通借。《詞詮》卷六："且，將也。"今本作"幾"，《古書虛字集釋》卷五："幾，近也。將然尚未然之詞也。"案：《荀子·議兵》："慮必先事，而申之以敬。慎終如始，終始如一，夫是之謂大吉。凡百事之成也，必在敬之；其敗也，必在慢之。"慢，謂懈怠、傲慢。荀子之言是對此句簡文的最好詮解。

⑤以上簡文見今本第六十四章。

一九九八年九月八日屬草稿畢，時居成都華西壩上。

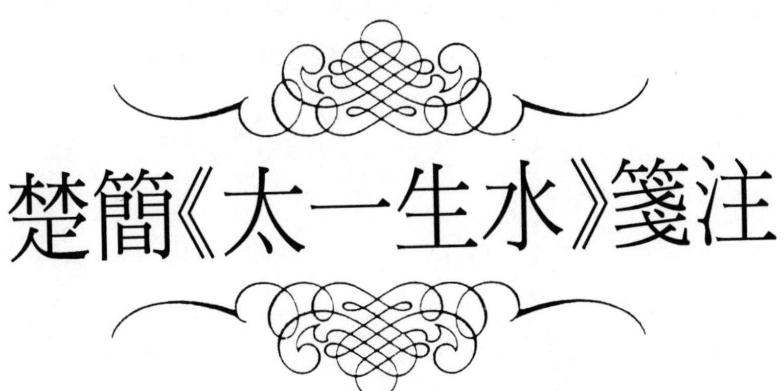

楚簡《太一生水》箋注

【原整理本說明】：本組簡共存一四枚。竹簡兩端平齊，簡長二六・五釐米，上下兩道編線的間距爲一〇・八釐米。其形制及書體均與《老子》丙相同，原來可能與《老子》丙合編一冊。篇名爲整理者據簡文擬加。

大（太）一生水，水反補（輔）大（太）一，是以成天。天反補（輔）大（太）一，是以成陸（地）。天【陸】（地）□□□也1，是以成神明。神明復相補（輔）也，是以成侌（陰）昜（陽）。侌（陰）昜（陽）復相補（輔）也，是以成四時。四時2復補（輔）也，是以成倉（滄）然（熱）。倉（滄）然（熱）復相補（輔）也，是以成溼澡（燥）。溼澡（燥）復相補（輔）也，成歲（歲）3而止。古（故）歲（歲）者，溼澡（燥）之所生也。溼澡（燥）者，倉（滄）然（熱）之所生也。倉（滄）然（熱）者。四時4者，侌（陰）昜（陽）之所生。侌（陰）昜（陽）者，神明之所生也。神明者，天陸（地）之所生也。天陸（地）者，大（太）一之所生也。

【箋注】

大（太）一生水

案：先秦舊籍“大”、“太”本爲一字，音義亦同。江沅《說文釋例》云：“古只作‘大’，不作‘太’，亦不作‘泰’。《易》之‘大極’，《春秋》之‘大子’、‘大上’，《尚書》之‘大誓’、‘大王王季’，《史》《漢》之‘大上皇’、‘大后’，後人皆讀爲‘太’，或徑改本書，作‘太’及‘泰’。”簡文“大（太）一”指宇宙萬物的本原、本體，亦即老子一派道家哲學的最高範疇——“道”，它“獨立不偶”，“周行不殆”，是產生天地萬物的始基。參看《莊子．天下》稱關尹、老聃“建之以常無有，主之以太一。”成玄英疏：“太者，廣大之名，一以不二爲稱。言大道曠蕩，無不制圍，括囊萬有，通而爲一，故謂之太一也。”陳鼓應注：“太一，指絕對唯一的道。"《呂氏春秋·大樂》："萬物所出，造於太一，化於陰陽。"高誘注："造，始也。太一，道也。"《大樂》又云："道也者，視之不見，聽之不聞，不可爲狀。……道也者，至精也，不可爲形，不可爲名，彊爲之，謂之太一。"

水反楠（輔）大（太）一，是以成天

案："反"同"返"，返回、回轉。《說文》："返，還也。"《廣雅·釋詁二》："返，歸也。"《古今韻會舉要·阮韻》："返，還也。通作反。"楠讀爲輔，輔助、協助。《周易·象上傳》："輔相天地之宜。"鄭注："輔，相助也。《楚辭·離騷》："覽民德焉錯輔？"王逸注："輔，佐也。"簡文"太一生水"之水，相當於《老子》所謂"道生一，一生二"中的"一"，是由虛無無形向有形轉化的初基和淵源。參看《列子·天瑞》："一者，形變之始也，清輕者上爲天，濁重者下爲地。"

天反楠（輔）大（太）一，是以成地

案：李學勤先生指出，以上數言是對《老子》（王弼注本）第四十二章的引申解說，"太一生水，是道生一；水輔太一而成天，是一生二；天又輔太一而成地，是二生三。天地相輔，是成神明、陰陽、四時、寒熱、濕燥，所以太一是萬物母。此語襲自《老子》第一章'道物之母'。"

天【陰】（地）□□□也

案：據下文數句文例，缺字可補爲"復相楠"三字。

以是成神明

案：神明，精，精氣也。《易‧繫辭下》鄭注：“精氣謂之神。”《國語‧周語下》韋注：“明，精氣也。”《列子‧天瑞》云：“故天地含精，萬物化生。”《鶡冠子‧泰鴻》：“天也者，神明之所根也，醇化四時，陶埏無形，刻鏤未萌，離文將然者也。”陸佃注：“離，華離也。天道造始，地道終之，故其言如此。”〈泰鴻〉又云：“而物莫不從天受藻華，以爲神明之根者也。”陸佃注：“天受道之英華，以生神明。”同書〈泰錄〉亦云：“神明者，積精金粹之所成也。”皆可發明簡文之旨。

神明復相榑（輔）也，是以成会（陰）昜（陽）

案：復，又也，再也。相：副詞。在簡文中非“互相”之義，乃“遞相”之義，謂依次而出，參與佐助萬物的形成。《鶡冠子‧泰錄》：“故天地陰陽受命，取象於神明之效。”《荀子‧禮論》：“天地合而萬物生，陰陽接而變化起。”

四以成四時

案：《白虎通‧四時》：“歲時何謂？春夏秋冬也。時者，期也，陰陽消息之期也。”《管子‧乘馬》：“春秋冬夏，陰陽之推移也。”同書〈四時〉：“是故陰陽者，天地之大理也。四時者陰陽之大經也。”尹注：“天地用陰陽爲生成，陰陽更用於四時之間爲緯也。”

四時復榑（輔）也

案：據前後駢列句例，此句“復”下脫“相”字。

是以成倉（滄）然（熱）

案：倉讀爲滄，滄熱猶言寒熱。《逸周書‧周祝》：“天地之間有滄熱，善用道者終不竭。”孔晁注：“滄，寒。竭，盡。”

是以成溼澡（燥）

案：《呂氏春秋·重己》："足以辟燥溼而已矣。"高注："燥謂陽炎，溼謂雨露。"

成歲而止

案：《爾雅·釋天》："載，歲也。夏曰歲，商曰祀，周曰年，唐虞曰載。孫炎注："四時一終曰歲。載取萬物終而更始。載者，年之別名，故以載爲名也。"《白虎通·四時》："所以名爲歲何？歲者，遂也。三百六十六日一周天，萬物畢成，故爲一歲也。"又，"止"字簡文作　，李學勤先生釋爲"旋"，舉證長沙子彈庫楚帛書"乃旋以爲歲"。（治楚帛書諸家或釋爲"步"，李先生據包山楚簡指出楚文字"步"亦與此有別。）如從李說，"旋"者終而更始也，與下文謂太一"迵（周）而或□"可以互證。《易·履》："其旋元吉"。孔疏："旋，謂旋反也。"

倉（滄）然（熱）者

案：整理本指出，此句之下，簡文脫"四時之所生也"。

天陸（地）者，大（太）一之所生也

案：以上六句回溯由歲、溼燥、滄熱、四時、陰陽、神明的生成過程，依倒述句例，此句似應由地、天而述及水，但簡文不然，殆非筆誤而脫文。太一生水復藏於水，天地既生，水復歸依於太一，故《淮南子·原道訓》猶有道"其孫爲水"之說，謂水"自無蹠有，自有蹠無"，"股然反本，則淪於無形"，歸於"一"。簡文此句義理，尚待考索，參看拙作《札記》。

是古（故）太一贙（藏）於水，行於時，週而或□□□□6𡐦（萬）勿（物）母。𦏵（一）块（缺）𦏵（一）浧（盈），以忌（紀）爲𡐦（萬）勿（物）經。此天之所不能殺，陸（地）之所7不能釐，侌（陰）昜（陽）之所不能成。君子智（知）此知胃（謂）………8

天道貴溺（弱），雀成者以益生者，伐於彊（強），責於………9

【箋注】

是古（故）大（太）一 贙（藏）於水

案：贙借爲藏，謂隱匿、潛藏。《山海經・西山經》："槐江之山多藏琅玕。"郭注："藏猶隱也。"《呂氏春秋・圜道》："殺乃藏。"高注："藏，潛也。"

行於時

案：謂太一偕時而行。《左傳・昭公七年》："歲時日月星辰。"服虔注："時，四時也。"又，《漢書・律曆志上》："時，所以記啓閉也。"

週而或□

案：週讀爲周。《毛詩・小雅・大東》："舟人之子。"鄭箋："舟當作周，聲相近故也。"二字古音同隸幽部，其紐端、章準雙聲，故得通借。或讀爲又，二字古音同爲匣紐雙聲，其韻之、職對轉，音近通借。《戰國策・

韓策一》：“今又得韓之名都一而具甲。”帛書《戰國縱橫家書》又作或，是其證。裘錫圭先生指出，缺字當是“始”，“周而又始”，意同“周而復始。”裘說甚確。

□□□墣（萬）勿（物）母

案：裘先生謂此句缺字可補爲【以己爲】。後文“以忌爲墣（萬）勿（物）經”，“忌”亦讀爲己。裘說於義爲勝。《玉篇》：“己，己身也。”己謂自己、本身。此句言太一以其自身的運行而爲萬物之母。

罷（一）块（缺）罷一）浧（盈）

案：罷，通作“一”，是楚文字的特殊用法。整理本指出，“此字亦見於簡本《五行》‘要人君子，其義罷也’句。《詩·曹風·鳲鳩》：‘淑人君子，其儀一兮。’可證‘罷’當讀作‘一’。鄂君啓節有‘歲罷返’，亦當讀作‘歲一返’，意即年內往返一次。”疑“ ”乃“翳”或“羿”字別構，二字與“一”音近。块借爲詘，二字古音同爲溪紐雙聲，其韻月、物旁轉，音近通假。《淮南子·兵略形》：“毋抉墳墓。”《文子·上義》：抉作掘，是夬聲、出聲相通之佐證。浧借爲盈，《文選·古詩十九首》李善注：“盈與贏同，古字通。”先秦文獻中贏（盈）與詘（絀）對文，多見連用。《史記·韓世家》：“往年秦拔宜陽，今年旱，昭侯不以此時卹民之急，而顧益奢，此謂時絀舉贏。”《資治通鑑·周顯王三十五年》引作“時詘舉贏”馬王堆帛書《十大經·觀》：“其時贏而事絀。”帛書整理小組注：“贏，盈；絀或作詘，縮。贏是滿、增長、進之意；詘是不足、收縮、退之意。”《淮南子·時則訓》：“孟春始贏，孟秋始縮。”又，范蠡已有“贏縮轉化”之說，帛書《稱》亦云：“贏絀變化，後將反奄（施）。”簡文此句亦絀贏轉化，交替而行之意。

以忌（忌）爲墣（萬）勿（物）經

案：經，常規、法則。《左傳·昭公二十五年》：“夫禮，天之經也。”杜注：

“經者，道之常。”簡文意爲，太一以自身進退、盈縮、變化之常道作爲萬物的常規。

此天之所不能殺，陸（地）之所不能釐，　侌（陰）昜（陽）之所不能成

案：“此”指上文所述萬物之經。殺：減者、裁削。《廣雅・釋詁二》：“殺，減也。”《集韻》：“殺，削也。”《周禮・地官・廩人》：“詔王殺邦用。”鄭玄注：“殺，猶減也。”釐：改變、改正。《後漢書・梁統傳》：“豈一朝釐。”李賢注：“釐，猶改也。”成讀爲亭，二字古音同隸耕部，其聲禪、定準旁紐，音近通假。帛書《老子》乙本“亭之毒之”，河上公本“亭”作“成”，可爲旁證。《文選・謝靈運：初去郡》：“止監流歸停。”李善注：《蒼頡篇》曰：‘亭，定也。’停與亭同，古字通。”簡文這三句意爲，太一使萬物遵循以一詘一盈爲常規，這是天不能使之削減，地不能使之更改，陰陽不能使之停止的運行規律。參看《管子・乘馬》：“時之短長，陰陽之利用也。（尹注：必長短相摩，然後成陰陽之用也。）日夜之易，陰陽之化也。（尹注：晝熱夜寒，交易其氣，此陰陽之化也。）然則陰陽正矣，雖不正，有餘不可損，不足不可益也。（尹注：假令時有盈縮不正，則百六之運數當然也。雖有堯湯之聖，不能免之，故不可損益也。）天地莫之能損益也。（尹注：天地亦準陰陽，不可損益也。）”謹案：對盈縮轉化，交替而行的常規，天地萬物皆莫之能損益和改變。

天道貴溺（弱）

案：弱，柔、柔弱。《淮南子・原道訓》：“志弱而事強。”高注：“弱，柔也。”

雀成者以益生者，伐於𢎘

案：雀讀爲塙，二字古音同爲藥部、溪紐，故得通假。《說文》：“塙，堅不可拔也。”段注：“堅者，剛土也。拔者，擢也。不可拔者，不可擢而起之也。今俗字作確。”《周易・文言傳》：“確乎不可拔。”虞注：“確，剛貌也。”益生：語出《老子》（見今本五十五章及同墓竹簡《老子》甲34）“益生曰祥”。《指歸》卷四：“背柔棄弱，力進堅剛；陷於欲得，溺於求生；……出無入有，日造禍殃，動而之窮，爲而之亡。”簡文此句意爲，那些以堅硬剛強的方式成全自己，並縱慾貪生的人，將在堅硬剛強的處世迷途中被砍殺滅亡。

下，土也，而胃（謂）之陛（地）。上，燹（氣）也，而
胃（謂）之天。道亦其志（字）也。青（請）昏（問）其名。以10
道從事者必怋（託）其名，古（故）事成而身長。聖人之從
事也，亦怋（託）其11名，古（故）社（功）成而身不剔（傷）。
天陛（地）名志（字）並立，古（故）怂（爲）其方，不思相□
□□□12於西北，其下高以㢣（強）。陛（地）不足於東南，
其上□□□□□□□13者，又（有）余（餘）於下；不足於
下者，又（有）余（餘）於上。14

【箋注】

道亦其志（字）也

案：“志”，傳世字書未見。此字从心、才聲。“志”、“字”古音同爲之部、從紐，故得通假。同墓出土《老子》簡甲21：“ 孳（字）之曰道”，“孳”亦从才得聲。簡文謂“道”也是天、地的字。古人法天則地，言及天、地，每稱“天道”、“地道”，頗似古人的名和字有時聯稱，或字在前名在後，或名在前字在後，“天道”、“地道”即似“道”之爲字，分別綴於“天”、“地”二名之後，“所以冠德明功”（見《白虎通・姓名》），殆有此譬喻。

青（請）昏（問）其名

案：“昏”同“昬”，《說文》謂“昏，一作民聲。”《尚書・盤庚上》：“不昬作勞。”鄭注：“昏讀暋。”《廣韻》眉殞切。昏（昬）、問古音同爲文部、明紐，故得通借。

以道從事者必㤖（託）其名

案：從事，猶今之言行事、辦事。“《毛詩・小雅・十月之交》：“黽勉從事，不敢告勞。”㤖讀爲託，謂依靠、憑借。《玉篇》：“託，依憑也。託其名，當指天、地之名。參看《春秋繁露・深察名號》：“天地爲名號之大義也。古之聖人，謞而效天地謂之號，鳴而施命謂之名。……名號異聲而同本，皆鳴號而達天意者也。天不言，使人發其意；天弗爲，使人行其中。”

古（故）事成而身長

案：《廣雅・釋詁三》：“長，久也。”簡文“身長”亦長生久視之意。

古（故）怣（爲）其方

案：整理本讀“怣”爲“過”，《老子》簡丙4樂與餌，怣（過）客止”有其例，然於此句似當讀曰“爲”。爲聲、化聲古多互通，《老子》“萬物將自化”，楚簡甲13“化”作“愇”亦其例。《尚書・梓材》：“厥亂爲民。”《論衡・效力》引作“厥率化民”。《毛詩・小雅・無羊》：“或寢或訛。”《釋文》：“訛，《韓詩》作 譌。”皆爲旁證。爲其方，猶言爲其道。《易・繫辭上》：“方以類聚。”虞注：“方，道也”又孔穎達疏：“方，猶道也。方謂法術性行。”《禮記・樂記》：“是先王立樂之方也。”鄭注：“方，道也。”

不思相□

案：裘錫圭先生曰：“‘相’一字尙殘存上端，從殘畫及上下文韻腳及文義看，必是‘尙’字或从‘尙’聲之字。”相尙：互相超過，比高低。《廣雅・釋詁四》：“尙，高也。”《孟子・公孫丑下》：“今天下地醜德齊，莫能相尙。朱熹集注：“尙，過也。”簡文此三句意爲，天與地名、字相並立，所以並行其道，不想彼此超過，一競高低。

□□□於西北

案：裘先生曰："三缺字據文義當是'天不足'或'天□□'。"補作"天不足"可從，正與下文"地不足"相對舉。

陸（地）不足於東南

案：《黃帝內經素問・陰陽應象生大論》："天不足西北，故西北方陰也。地不滿東南，故東南方陽也。"同書《五常政大論》："天不足西北，左寒而右涼；地不滿東南，右熱而左溫。"王冰注："今中原地形，西北方高，東南方下，西方涼，北方寒，東方溫，南方熱，氣化猶然矣。""中原地形，西高北高，東下南下。今百川滿湊，東之滄海，則東南西北高下可知。"參看《楚辭・天問》："八柱何當，東南何虧？"王逸注："言天有八山爲柱，皆何當值？東南不足，誰虧缺之也？""康回憑怒，地何故以東南傾？"王逸注："康回，共工名也。"《淮南子・天文訓》："昔者共工與顓頊爭爲帝，怒而觸不周之山，天柱折，地維絕。天傾西北，故日月星辰移焉；地不滿東南，故水潦塵埃歸焉。"又，《史記・日者列傳》：楚人司馬季主曰："天不足西北，星辰西北移；地不足東南，以海爲池；日中必移，月滿必虧；先王之道，乍存乍亡。"

其上□□□

案：此句與上文"其下高以弜"對舉。據戰國時楚人"皇天厚德"，"天圜而九重"，"東南方陽天"，"廣開天門"等觀念，此處可用"其上厚以廣"一類語意的句子嘗試補出，姑備參考。

□□□□者

案：缺文可補爲"不足於上"。

研究札記

"大成若詘"考辨
讀楚簡《老子》札記之一

內容提要

本文對楚簡《老子》中"大成若詘"進行了考釋和研討，認為是古本《老子》的重要文句。"大成若詘"是老子反思禮壞樂崩的慧見，"大成若詘"形成的無聲之聲，將人們引向大道無為的境界。

郭店楚簡《老子》乙組第12號簡至第15號簡中段，可與今本（王弼本）第45章相對應。但其中有三句，其語序、文字與今本和帛書本皆有差異：

大攷若佁，大成若詘，大植若屈。（楚簡本）
大直如詘，大巧如拙，大贏如炳。（帛書甲本）
大直若屈，大巧若拙，大辯若訥。（王弼本）

不難看出，問題的關鍵在與"大贏如炳"、"大辯若訥"相對應的"大成若詘"這一句，令人費解。有的學者以"大成"之"成"字爲訛字。或主張以帛書本訂正楚簡本之"失誤"，或以爲"成"借爲"信"，"成詘"即"信（伸）詘（屈）"。謹按：諸說似欠妥，簡文"大成若詘"不誤，而且是古本《老子》的重要文句。

"大成"在此句中其義爲"九成"，《尚書・益稷》："簫韶九成，鳳皇來儀。"孔傳："備樂九奏而致鳳皇。"孔穎達疏引鄭玄曰："成，猶終也。

每曲一終，必變更奏。故《經》言九成，《傳》言九奏，《周禮》謂之九變，其實一也。”古人以九爲數之極，《漢書・杜欽傳》注引張晏曰：“九，數之極也。”《素問・三部九候論》：“天地之至數，始于一終于九焉。”故九爲大，象天之德。《易・乾卦》：“用九。”注：“九，天之德也。”所以，九成又可稱爲大成。著名的古樂《九韶》，《周禮・春官・大司樂》作《大磬》、或作“大韶”，是其佐證。（參看孫詒讓：《周禮正義》卷四十三，中華書局點校本第七冊，第1779頁。）出版文獻也證明大成乃通向至聖、至善的金聲玉振之樂。馬王堆帛書《五行》第303行：“大成也者，金聲玉辰（振）之也。”郭店楚簡《五行》亦云：“君之爲德也，【有與始，無與】終也。金聲而玉振之，有德者也。金聲，善也；玉音，聖也。”言以金聲始而以玉音禮天通聖而終，正與《周禮》所載大祭以金奏始，而以樂之九變，擊拊大小之磬，合樂而終相印證。

詘，樂曲終止貌。《禮記・聘義》述美玉之德，云“叩之，其聲清越以長，其終詘然，樂也。”鄭玄注：“樂作則有聲，止則無也。詘，絕止貌也。《樂記》曰：止如槁木。”

可見，簡文“大成若詘”講的是，最盛大最隆重的古樂合奏，仿佛是樂聲終止。據前引《書・益稷》孔傳，“成”有奏樂之義，與“詘”爲奏樂終止，正爲對文反義。與簡文駢列句“大攷（巧）若仳（拙）”、“大植（直）若屈”，巧與拙、直與屈皆對文反義，句例一律，風格統一。

而此前13號簡“大成若缺”、“大成”則指事功圓滿有成。《易・井卦・象傳》：“元吉在上，大成也。”虞注：“成既濟定，故‘大成’也。”《詩・小雅・車攻》：“允矣君子，展以大成。”孔疏：“其功大成，言太平也。”可見“大成若詘”與“大成若缺”，兩言迥然有別，字雖同而詞義異，不存在所謂“大成若詘”之“成”字涉前文而誤的問題。

古本《老子》“大成若詘”含義深長，對古樂之用作了深刻的概括。大成之樂有九成，或稱九變，《周禮・大司樂》鄭玄注：“變猶更也。樂成而更奏也。”賈公彥疏：“《燕禮》云終，《尚書》云成，此云變。孔注《尚書》云：‘九奏而致不同者，凡樂曲成則終，終則更奏，各據終始而言。’是以鄭云樂成則更奏也。”正是經過一成一終，曲終更奏，每一次樂聲的終止，就是向更高層境界晉升的開始。“若樂六變，則天神皆降，可得而禮矣”，“若樂八變，則地示皆出，可得而禮矣”，“若樂九變，則人鬼可得而禮矣”。大音希聲，大成若詘，卻能溝通天地，"以致鬼神示，以和邦國，以諧下民……"。樂聲中止時，也是古樂深刻滲透、震動人心之時。借用西哲黑格爾對古典音樂作用的描述："聲音固然是一種表現和外在現象，但是它這種表現正因爲它是外在現象而隨生隨滅。耳朵一聽到它，它就消失了；所產生的印象就馬上刻在心上了；聲音的餘韻只在靈魂最深處蕩漾，靈魂在它的觀念性的主體地位被樂聲掌握住，也轉入運動的狀態。"（黑格爾：《美學》第3卷，第333頁，商務版，1981年。）看來中國的古樂善于運用樂聲的間歇和終止，而直指人心。《樂記》謂"致樂以治心"，"樂也者，動于內者也。禮也者，動于外者也。禮減而進，以進爲文；樂盈而反，以反爲文。"鄭玄注："反，謂自抑止也。"其實"樂盈而反"，就是曲終而更奏前的中止，無聲之聲，更能促使人們的"反躬"自求，思天理而向人性復歸。也就是走向古佚書《五行》所說的"聖之結于心"的境界。

之所以有"大成若詘"這樣精粹之論，與老子本人的師承和學養分不開。老子曾師于商容，（《文子·上德》、《說苑·敬慎》或作"常摐"，古字通借也。）商容乃精于商代禮樂之人。向宗魯先生考證甚詳：

> 據《樂記》："釋箕子之囚，使之行商容而復其位。"鄭注以"商容"爲商禮樂之官，則"容"即容臺之容，謂禮容也。凡主商禮之官，皆得謂之"商容"，猶喪禮之夏祝、商祝，以習于夏、商之禮得名，雖周世不革也。……此"商容"蓋亦習商禮者，如夏祝、商祝之例，不害其爲周室禮官也。老子學于禮官，故長于禮，而孔子問禮焉。（向宗魯先生：《說苑校證》卷十，中華書局本，第244頁。）

道家和儒家，都是在四代禮樂文明的浸潤下逐步形成的。離開了這一文化背景，就不能真正解讀老子。而老子的偉大，也在于他對禮壞樂崩的現實進行了深刻的反思。繁文縟節的禮、樂，終于盛極而衰，老子最先悟出無聲之聲或許比大鳴大奏更有力量。

漢代道家以淮南子和嚴遵最得其真諦。《淮南子·繆稱訓》曰：

"有聲之聲，不過百里；無聲之聲，施于四海。"

嚴遵《老子指歸》曰：

> “大音希聲，告以不言。言于不言，神明相傳；默默不動，天下大通。無聲而萬物駭，無音而萬物唱；天地人物，無期俱和，若響應聲。”（卷一）
> “無爲之爲，成遂無窮，天地是造，人物是興。有聲之聲，聞于百里；無聲之聲，動于天外，震于四海。”（卷二）
> “聖人損聰以聽無音，棄明以視無形；覽天地之變動，觀萬物之自然。”（卷二）
>
> “平易無爲，寂泊無聲；德馳相告，神騁相傳，運動無端，變化若天。”（卷三）
>
> “無聲之聲，五音之始，謂之希。”（王德有輯佚本）

可見，“大成若詘”形成的無聲之聲，將人們引向大道無爲，在玄靜中展開了一個更爲廣闊的天人相通的境界。

至于王弼本、帛書本的不同異文，皆由簡本“大成若詘”衍變而來。王弼本作“大辯若訥”、“辯”與“變”古字通，“大辯”的初義可能是“九變”。據前引鄭玄說，“九成”或作“九變”，故“大辯”初義與“大成”相同。（又，夏樂亦有《九辯》，見《離騷》、《天問》及《山海經》。）“訥”與“詘”字古多通借，《史記·萬石張叔列傳》：仲尼有言曰：“君子欲訥于言而敏于行。”集解引徐廣曰：“訥字多作詘，音同耳。古字假借。”帛書甲本作“大贏如炳”，贏與成二字辛音同隸耕部，其聲爲喻、禪旁紐，音甚近，例可通借。“炳”與“訥”皆从內得聲，古音相同，亦可與“詘”通借。總之，“大辯若訥”或“大贏如炳”，就文字和古音而論，都帶有脫胎于“大成若詘”的痕跡。但是必須承認，至遲從秦漢以來，傳述以上兩種不同文本的學者，大概已據此對《老子》作出了各自不同的詮釋。其原因有二：一是自莊周學派述《老》、解《老》以來，人們形成了老子“非樂”的誤解，直到今天，還有不少學者認爲“老子對音樂藝術，持虛無主義的態度”；二是秦漢時官方對四代古樂的改易，《漢書·禮樂志》：“《文始舞》者，曰本舜《招

（韶）舞》也，高祖六年更名曰《文始》，以示不相襲也。《五行舞》者，本周舞也，秦始皇二十六年更名曰《五行》也。"傳統的古樂被人爲的斷裂，以至破敗不堪，連大成若詘"這一句飽含哲理的話，也被拋棄古樂的官方學者們從《老子》書中淡化掉了。

《太一生水》札記

郭店楚簡《老子》丙組後，有《太一生水》簡計十四枚，乃前所未見的珍貴文獻，提供了中國古代宇宙生成論的新資料。傳世經籍中的宇宙生成論皆以氣化說為主，楚簡以太一生水開端，謂水反輔太一而成天，天又反輔太一而成地，天地相輔，於是依次成神明、陰陽、四時、寒熱、溼燥，成歲而止，以如此清晰的演化過程呈現在讀者面前，令人有耳目一新之感。筆者試作箋注事竣，一則以體例所限，殊覺言有未盡，二則深知此篇在古代學術史上有重要價值，義理玄深，應繼續思考探索，於是在箋注基礎上，引申發揮，得散札一束。管窺臆度，錄奉海內學者通人指正。

道為大一

先秦舊籍"大"、"太"音義全同，本為一字。清代學者江沅曾加以考證，指出"古"只作"大"，不作"太"。《戰國策·趙策四》："趙太后新用事。"馬王堆帛書《戰國縱橫家書》"太后"作"大后"。《老子》三十五章："往而不害，安平太。""郭店楚簡《老子》丙4作"往而不害，安坪大。"馬王堆帛書《老子》甲、乙本皆作"往而不害，安平大。"出土簡帛文獻為江沅的考辨提供了有力的證據，那麼，下列文獻中所稱"太一"、"大一"亦本為一詞，含義相同：

樂之所由來者遠矣，生於度量，本於太一。太一出兩儀，兩

儀出陰陽。……道也者，至精也，不可爲形，不可爲名，強爲之，謂之太一。”（《呂氏春秋·大樂》）

貴本之謂文，親用謂之理，兩者合而成文，以歸大一，夫是謂大隆。（《荀子·禮論》。《大戴禮記·禮三本》作太一。）

故至備情文俱盡，其次情文代勝，其下復情以歸大一也。天地以合，日月以明，四時以序，星辰以行，江河以流，萬物以昌，好惡以節，喜怒以當，以爲下則順，以爲上則明，萬物變而不亂，貳之則喪也。禮豈不至矣哉！（《荀子·禮論》）

是故夫禮必本於大一，分而爲天地，轉而爲陰陽，變而爲四時，列而爲鬼神，其降曰命，其官於天也。（《禮記·禮運》）

案儒家以禮樂化民，貴在反本，其最高境界當然是“以歸大（太）一”，回歸和依憑那天地萬物的本原——“道”。此乃儒家取之於道家，以深宏自身的理論體系，似可無疑。

真正使研究者困惑的是，《莊子·天下》篇稱關尹、老聃“建之以常無有，主之以太一”，言之鑿鑿，“建之以常無有”尚可以在《道德經》裡找到證據，“主之以太一”則不見於煌煌五千言。如果我們確認“太一”的原始文本是“大一”，那麼，就像將“常無有”分析爲“常無”和“常有”，或“常”、“無”、“有”一樣，也許能在《老子》及其相關著述中發現“大一”的有關思路和線索。

大、一，析言之皆爲道體之名。《老子》二十五章：“吾不知其名，字之曰道。強爲之名曰大。（河上公注：大者高而無上，羅而無外，無不包，故曰大也。）大曰逝，（河上公注：其爲大，非若天常在上，非若地常在下，乃復逝去，無常處所也。）逝曰遠，（河上公注：言遠者，窮乎無窮，布氣天地，無所不通也。）遠曰“返”。今案：郭店楚簡《老子》甲22“遠”作“遠”，“遠”通“邅”，其義爲轉旋、周旋，說詳《柬釋》。由此可見，“大曰逝，逝曰遠，遠曰反”其旨正與《太一生水》所述大一“‘逬（周）而或（又）【始】”相穩合。《老子》第三十九章：“昔之得一者，天得一以清，地得一以寧，神得一以靈，谷得一以盈，萬物得一以生，侯王得一以爲天下正。”戰國以來傳述老學玄旨者，都說“一”即是“道”。帛書《道原》：“一者其號也，虛其舍也。”帛書《十大經·成法》：“一者，道其本也。”《韓非子·揚榷》：“道無雙，故曰一。”《淮南子·原道訓》：“所謂無形者，一之謂也。”高誘注：“一者，道之本也。”嚴遵《老子指歸》卷一：“一其名也，無有其舍也，無爲其事也，無形其度也。”皆是其證。因此，“大一”作爲同義複詞，即是“道”的名號，“道謂之大一”是有《老子》古義爲根據的。

《老子》一書又有道體氾氾，其可左右的觀念。三十四章云：“愛養萬物而不爲主，常無欲，可名於小。萬物歸焉而不爲主，可名爲大。”道也氾氾，若浮若沈，可左可右，可大可大，無所不宜。大爲小之本，小爲大之化。三十二章云：“樸雖小，天下不敢臣。”因此，“大一”或與“小一”相對爲文，表述道體之化，大者含宇宙，細者入無間，在道家宇宙生成論的構成中有重要意義。《楚辭·遠遊》云：

> 道可受兮，不可傳。其小無內兮，（王逸注：靡兆形也。）其大無垠。（王逸注：覆天地也。洪興祖補注：《淮南》云：‘深閎廣大，不可爲外；析毫剖芒，不可爲內。’）”

《管子·心術上》亦云：

> 道在天地之間也，其大無外，其小無內。（尹注：所謂大無不包，細無不入也。）故曰不遠而難極也，虛之與人也無間。

《呂氏春秋·下賢》亦云：

> 以道爲宗，與物變化而無所終窮，精充天地而不竭，神覆宇宙而無埒，莫知其源，其大無外，其小無內，此之謂至貴。

足見戰國時代南北道家都深知，“其大無外，其小無內”是作爲本體的“道”所特有的屬性。連詞客騷人如宋玉者，亦明乎此，其《小言賦》對“其小無內”有出色的描寫：

> 無內之中，微物潛生，比之無象，言之無名，蒙蒙滅景，昧昧遺形，超（應爲‘起’字）於大虛之域，出於未兆之庭。

……視之則眇眇，望之則冥冥。

故《莊子·天下》載："至大無外，謂之大一；至小無內，謂之小一。"當爲惠施引用戰國時已相當流行的老聃、關尹之"大一"學說。"至大無外"的"大一"與"至小無內"的"小一"，是作爲世界本原、本體的"道"在體現萬物絕對的統一性時的兩端，是同體而異用的不可割裂的兩方面。

對此，馬王堆帛書《道原》也許提供了重要的旁證：

恆先之初，迵同太虛。虛同爲一，恆一而止。濕濕夢夢，未有明晦。……

"恆先之初"，恆讀爲緪，窮究、追究，開篇明義就是追究、探索未有天地萬物之前，宇宙的本原和初始。"恆一"，即是"大一"，道也。"恆"有廣大之義，《方言》卷二："恆慨，言既廣又大也。荆揚之間，凡言廣大者謂之恆慨。"恆慨是雙聲複合詞。（案：慨讀爲凱。《廣雅·釋詁一》："凱，大也。"）一說，"恆一"之恆讀爲閎，《楚辭·怨思》王逸注："閎，大也。""恆一而止"，"止"謂居、居住。《毛詩·商頌·玄鳥》："邦畿千里，維民所止。"鄭箋："止，猶居也。"此句言大虛通同，混而爲一，即是"大一"居住的地方。《道原》不僅首述天地之先爲大一，而且描述了大一的特點：

天弗能復（覆），地弗能載。小以成小，大以成大。盈四海之內，又包其外。……萬物得之以生，百事得之以成。人皆以之，莫知其名。人皆用之，莫見其刑（形）。

大則包舉四海天地，小則澤及蚑蟯。"小以成小"，故有"小一"；"大以成大"，故有"大一"。"道"正因爲具備這種屬性，所以能達到"一度不變"，"萬物之總，皆閱一孔，百事之根，皆出一門"，成爲先天地生的世界之本原。（參看本書附錄：拙作　帛書《道原》注釋　）

楚簡《太一生水》的發現，將促使我們再次努力探索老子、關尹建立的太一學說。

神明之效

先秦傳世經籍言宇宙生成，皆以“太一出兩儀，兩儀出四象”爲基本模式，亦即太一生天地，天地生陰陽，陰陽生四時……爲序，郭店楚簡《太一生水》則在天地與陰陽之間，有重要環節爲“神明”，指出“陰陽者，神明之所生也。神明者，天地之所生也”，大異於今人習見之眾說，宜加考辨。

“神明”或指神祇、神靈，《左傳・襄公十四年》：“民奉其君，愛之如父母，仰之如日月，敬之如神明。”《孝經・感應》：“天地明察，神明彰矣”，“孝悌之至，通於神明。”或指日、日神，《史記・封禪書》：“長安東北有神氣，成五彩，若人冠絻焉。或曰東北，神明之舍；西方，神明之墓也。”《集解》引張晏曰：“神明，日也。日出東北，舍謂陽谷；日沒於西，墓謂濛谷也。”或指玄妙莫測的變化，《文子・自然》：“夫道者……，變化無常，得一之原，以應無方，是謂神明。”《淮南子・泰族訓》：“日以暴之，夜以息之，風以乾之，雨露以濡之；其生物，莫見其所養而物長；其殺物也，莫見其所喪而物亡。此之謂神明。”或指人的精神、心思、思維，《左傳・昭公七年》：“人生始化曰魄，既生魄，陽曰魂。用物精多，則魂魄強，是以有精爽至於神明。”《荀子・解蔽》：“心者，形之君也，而神明之主也。”《素問・靈蘭秘典論》：“心者，君主之官也，神明出焉。”

上述諸義，皆與《太一生水》文義不能相合。今存《鶡冠子》書中《泰鴻》、《泰錄》等篇有些論及“神明”的段落，其句意則頗與《太一生水》合拍，殆可互證。

《鶡冠子・泰鴻》云：“天也者，神明之所根也。醇化四時，陶埏無形，刻鏤未明，離文將然者也。地者，承天之演，備載以寧者也。”此與簡文“天地【復相補（輔)】也，是以成神明”之旨相符。

該篇又云：“故聖知神方，調於無形，而物莫不從天受藻華，以爲神明之根也。”陸佃注：“天受道之英華以生神明。”案：《泰鴻》有“藻華者，相成者也”之說，是知神明爲道之精[1]、天之藻華，萬物賴神明以成。

---

[1] 參看《老子》二十八章河上公章句：“道散則爲神明，流爲日月，分爲五行也。”

《鶡冠子・泰錄》云：“百化隨而變，終始從而豫。神明者，積精微全粹之所成也。”神明隨萬物變化而變化，參與萬物終而復始的過程。神明是積道之精微，達到完全、純粹之境，才得以形成的。“神明，所以類合者也。故神明錮結其紘。（紘，綱維、維繫。《淮南子・原道訓》：“紘宇宙而章三光。”高注：“紘，綱也。若小車蓋四維謂之紘，繩之類也。”）類類生成，用一不窮。”案：同書《環流》云：“立之謂氣，通之謂類。”故知“類合”猶言通之以合，神明作爲源於道（大一），生於天地的精氣，在萬物形成的過程和體系中，起著通合萬類的綱維作用，使萬物之多，如出一孔，而復歸於“一”，終始無窮。

神明既成，復相輔也，於是生陰陽。日者陽之主也（《淮南子・天文訓》），陽之精也（《周髀算經上》“故日兆月。”注）；月者，陰之宗也（《天文訓》），陰之精也（《周髀算經上》注）。於是有明晦、晝夜，於是“四時行焉，百物生焉”。如《鶡冠子・泰錄》所云：“故天地、陰陽之受命，取象於神明之效。”

漢代嚴遵《老子指歸》一書中，描述的宇宙發生和演化過程，是道生一，一生神明，神明生太和，太和生萬物，同樣把“神明”置於很重要的地位，甚至在天地、陰陽之前。嚴君平將神明這一變化微妙的精氣，又稱爲“神氣”。《指歸》卷七：

> 有物俱生，無有形聲，既無色味，又不臭香。出入無戶，往來無門，上無所蒂，下無所根。清靜不改，以存爲常，和淖纖微，變化無方。與物糅和，而生乎三，爲天地始，陰陽祖宗。在物物存，去物物亡，無以名之，號曰神明。

《淮南子》已指出神明在萬物生成中的作用，其〈泰族〉篇云：“故陰陽四時，非生萬物也；雨露時降，非養草木也。神明接，陰陽和，而萬物生矣。”而嚴遵更把神明視爲宇宙生成過程中最重要的元素之一，沒有神明的參與，這一過程就難以展開和顯現。《指歸》卷二：

> 無者生有形者。故諸有形之徒皆屬於物類。物有所宗，類有所祖；天地，物之大者，人次之矣。夫天人之生也，形因於氣，氣因於和，和因於神明，神明因於道德，道德因於自然，萬物以存。

道德變化，陶治元首，稟授性命乎太虛之域，玄冥之中，而萬物混沌始焉。神明交，清濁分，太和行乎蕩蕩之野，纖妙之中，而萬物生焉。

"纖妙之中"，正是神明交，於"和淖纖微"（見前引卷七之文）之中的玄妙變化，使萬物一一形成、出生。唐代強思齊《道德真經玄德纂疏》引《指歸》云：

太和之所以生而不死，始而不終，開導神明，爲天地之根元。

"開導神明"，指神明對萬物之生的開導稟受之功。見《指歸》卷二："有虛之虛者開導稟受，無然然者不能然也；有虛者陶冶變化，始生生者而生不能生也。"神明的偉大作用，就於它的開導，使不可如此的成爲如此，使不能生成的終於生成，道德、神明在大虛之域就爲萬物稟受性命，構建了始基。

《老子指歸》與《鶡冠子》，在不同的時代以各自的方式都汲取了《太一生水》的基本思想和模式。如果說，成書於戰國後期的《鶡冠子》運用了太一學說，在"神明"的概念上的詮釋、發揮，使後來者猶可能詳其初義，那麼嚴遵則對《太一生水》的模式加以改造和提升。嚴君平以"在物物存，去物物亡"概括"神明"之用時，構造了一個更爲形而上的宇宙演化體系，"道"成爲極度的虛無，"無無無之無，始未始之始"，"神明"亦成爲"生於太虛，長於無物，稟而不衰，授而不屈，動極無窮，靜極恍惚；大無不包，小無不入，周流無物之外，經歷有有之內"（《指歸》卷七）的要物。

水與太一

研讀《太一生水》，不能不探討水與太一的關係問題。首先值得注意的是，太一生水，水反輔太一，是以成天。在以下的連鎖句式中，未見天反輔水之說，而是“天反補（輔）大（太）一，是以成陛（地）。天地【復相補（輔）】也，是以成神明。……”，依次遞進而生成，這一過程的主體看來只能是太一，依次形成的水、天地、神明、四時、陰陽等，都只能居於輔助的地位。而且，從第四號簡開始的倒敘句，“古（故）散（歲）者，溼澡（燥）之所生也”，直到“神明者，天陛（地）之所生也。天陛（地）者，大（太）一之所生也”，竟然沒有“天者，水之所生也”一類的句子，這絕不是傳鈔時的脫誤，反而表明此篇並不具備水是天地本原的觀念。

道家在描述世界的本原和始基“道”，敘述未有天地之前宇宙生成的過程時，卻有不少篇章都涉及到水的狀態和運動——

甲、《文子・道原》：

老子曰：‘有物混成，先天地生，惟象無形，窈窈冥冥，寂寥淡漠，不聞其聲，吾強為之名，字之曰道。’夫道者，高不可極，深不可測，苞裹天地，稟受無形，原流㳌㳌，沖而不盈，……。

案：㳌㳌，水流出貌。《玉篇》：“㳌，水出皃。”《淮南子・原道訓》作“原流泉浡。”高誘注：“原，泉之所自出也。浡，湧也。沖，虛也。始出虛徐，流不止，能漸盈滿，以喻於道亦然也。”

乙、馬王堆帛書《道原》：

恆（緪）先之初，迵同大虛。虛同為一，恆一而止。濕濕夢夢，未有明晦。

案：“恆一”即太一。參看《淮南子・詮言訓》：“洞同天地，渾沌為樸，未造而成物，謂之太一。”濕濕，水浪開合之貌。《文選・木華：〈海賦〉》：“開合解會，瀼瀼濕濕。”李善注：“瀼瀼濕濕，開合之貌。”張銑注：“如開而復合，或散而復會。”

丙、《淮南子・俶真訓》：

有未始有夫未始有有無者：天地未剖，陰陽未判，四時未分，萬物未生，汪然平靜，寂然清澄，莫見其形。

案：汪然，水深廣貌，水積聚不流貌。《說文》："汪，深廣也。一曰江池也。"清澄，或作清澂，亦水清明澄澈之貌也。

丁、《淮南子·精神訓》：

古未有天地之時，惟象無形，窈窈冥冥，芒芠漠閔，鴻濛鴻洞，莫知其門。

案：高誘注："皆未成形之氣也。皆無形之象，故曰莫知其門。"澒濛，或作鴻濛、鴻蒙。本義乃爲大水，派生義爲水草廣大，海上之氣。《楚辭·九歎·遠遊》："貫澒濛以東朅兮。"王逸注："澒濛，氣也。"洪興祖補注：大水也。"揚雄《羽獵賦》："鴻濛沆茫。"《漢書》顏師古注："廣大貌。"《文選》李善注："韋昭曰：鴻濛沆茫，水草廣大貌。"《莊子·在宥》："雲將東遊，過扶搖之枝而適遭鴻蒙。"陸德明《釋文》："鴻蒙如字。司馬云：自然元氣也。一云：海上氣也。"漢語詞義一般通行具體之實義，其後始引申爲抽象之義，以鴻濛爲"元氣"、"未成形之氣"，應爲後起義。

很長時間以來，我們讀以上文獻，皆囿於高誘首倡之說，即認爲上述涉及水的狀態、運動的語句，都不過是一種譬喻，"以喻於道亦然也"。郭店楚簡既出，"大（太）一生水"古義已明，因此，今天有可能對上述文獻試加重新解讀："水"不是"道"的簡單比喻，而是"道——太一"在生成天地、萬物的預備期中的產生的一種過渡形態。如甲例言"稟受無形，原流泏泏"，指道原之啓，大一生水而出也；乙例言"濕濕"，謂水之初興，開而復合，動而復靜之貌；丙例如"汪然平靜，寂然清澄"，謂大一生水，於深廣清澈的無形中，醞釀有形，涵聚將生而未生者。丁例言"澒濛鴻洞"，指未有天地之前，只有大水相連，水上霧氣漫漫，莫知其門。

《淮南子·原道訓》云：

道者，一立而萬物生矣。是故一之理，施四海；一之解，際天地。其全也，純兮若樸；其散也，混兮若濁。濁而徐清，沖而徐盈，澹兮其若深淵，（高注：澹，定不動之貌。）汎兮其若浮雲，若無而有，若亡而存。

道生一，一生二，二生三，三生萬物，換言之，大一分而爲天地，轉而爲陰陽，……以生萬物，這個過程也就是“樸散則爲器”的過程。〈原道訓〉此節，指出“道——太一”由樸而散的轉變，最先是生成了“混兮若濁”的水，河上公謂“濁者不照然”，雖不甚清亮，卻爲天地的生成，萬物的出現導夫先路，於是“濁而徐清，沖而徐盈，澹兮其若淵，汎兮其若浮雲”。水之生成，“若無而有，若亡而存”，標誌著爲由無而有的過渡準備了環境和條件。這一段文字，可以說是爲“太一生水”提供了詮釋和佐證。

需要說明的是，上文言及的水，生於大虛，聚於大虛，亦動於大虛，乃大虛之水，決不同於天地形成之後的雨露溪泉江河湖海之水，故太一生其水，亦能藏於水。參看葉海煙教授近作《〈太一生水〉與莊子的宇宙觀》，葉氏指出“太一”爲“生”之源頭，其“生”乃實現之原理——此爲一切存在之動力；而其“成”則爲天地萬物不斷分合變化之原理，其所以分合變化者乃以“水”爲含藏諸多潛能之場域。“水”爲場域，葉氏之說實有見地，富於啓發性。

《春秋元命苞》（黃奭輯本）云：

> 水者，天地之包幕，五行之始焉，萬物之所繇生，元氣之腠液也。（腠液一作津液，見《古微書》引腠作津。）

所謂水是天地之外的一大包幕，幕即幕帷，《說文》：“帷在上曰幕，覆食案亦曰幕。”腠液，本義爲體表膚肌之間分布的津液，可溫潤肌膚，乃清陽之所發，血氣之所注。“何休曰：“變一爲元，元者，氣也。無形以起有形，以分造天地。”[2]言水爲元氣之津液，猶言水爲太一之津液。《元命苞》所描述的“水”，頗與“場域”說相似。

上面引證的文字，據黃奭輯本，原爲《春秋元命苞》保存的渾天說 後一部份。渾天說在中國古代天文學史上有重要地位，成熟於漢代，而形成則在戰國時期。王夫之注《楚辭·天問》，已推測屈子所舉“圜則”爲“渾天之儀表”。二十世紀六十年代，四川大學呂子方教授對《老子》、《莊子》、《天問》、《呂氏春秋》、《淮南子》、《列子》、《靈憲》、《渾儀》進行了系統的考察研究，撰有《道家的樸素唯物主義觀點與渾天說》，得出“渾天學說是淵源

---

2 《公羊傳·隱公元年》何休解詁。

於老莊的‘道’。渾天學說的發展除其它原因外，和道家學說的發展是分不開的”結論。

例如呂先生引《呂氏春秋·大樂》之“太一出兩儀，兩儀出陰陽，陰陽變化，一止一下，合而成章，渾渾沌沌，離則復合，合則復離，是謂天常。天地車輪，終則復始，極則復反，莫不咸當。”而論曰：

> 從天文學的角度來看，《呂氏春秋》提出天地同時都在運動的觀念。它認爲天和地都像車輪滾動那樣，時時刻刻在運轉著，周而復始，永不停息。……《呂氏春秋》在講天時儘管是以渾天學說爲基礎，但它兼容並包，把有關地動說也吸收進去了，可見它仍是承認天地同時都在運動的，這種地動說的觀念在我國天文發展史上是十分重要的。

呂子方先生久已作古，未能得見楚簡《太一生水》，可見他的研究成果，對於我們更深入理解太一“ 迵（周）而或（又）始，以己爲萬物母”，“ 罷（一）块（詘）罷（一）浧（盈），以忌（己）爲萬物經” ，考索《大樂》篇之太一說，是極具參考價値的。

二十世紀七十年代，馬王堆帛書《五星占》的出土和研究，推動了人們對先秦渾天說的認識。徐振韜先生撰〈從帛書《五星占》看“先秦渾儀”的創制〉一文，通過對《五星占》原始天文觀測紀錄的分析，考證其240進位的角度進位制，得出“先秦渾儀”的創制年代下限爲公元前360年，最可能在戰國初期的結論。渾天說的形成亦不當晚於這個時期。[3]

如果我們將《太一生水》置於道家文化與渾天說的學術背景下，水與太一的問題可能得到更爲明晰的認識。張衡是渾天學說集大成的代表人物，其《渾天儀注》（呂子方先生輯本）曰：

> 天如雞子，地如雞中黃，孤居於天內，天大而地小。天表裡有水，天地各乘氣而立，載水而行。周天三百六十五度四分度之一，又中分之，則半覆地上，半繞地下。故二十八宿，

---

[3] 《中國天文學史文集》，第34頁，科學出版社，1978年。

半見半隱，天轉如車轂之運也。[4]

天體像雞蛋，成橢圓形球體；地像蛋黃，也是一個球體，單獨地處在天的上下環抱之中。天體內外都有水，天與地各自憑藉氣的確立，乘坐在水上浮遊運行。……天體有如車輪一樣運行轉動。以渾天說觀之，“大（太）一生水”之“水”，當爲天表之水，亦即包裹在天球之外的水，本文在前面稱呼爲“大虛之水”，太一藏隱在這水中以時環周而行，故能生天成地，變化陰陽四時，撫育萬物，成歲而旋，終而復始。

傳世文獻有《管子．水地》篇，提出水是“萬物之本原，諸生之宗室也”的著名命題。筆者嘗撰文認爲，“中國古代的方國和民族中，最善於在江河水網和海上生活、征戰的，首推吳越，中國上古神話中的水神，也居住在後來的吳越之地”，〈水地〉篇的學術淵源在南方的吳越文化。（參看本書附錄〈《管子．水地》新探〉）在對水的重視上，楚簡《太一生水》可與〈水地〉篇相映生輝。〈水地〉以水爲萬物本原，應與吳越先民在湖海上的生活體驗有密切關係，同時也從神話世界觀裡吸取了思想成份。《太一生水》以水之生爲天地萬物形成之始，則是老子、關尹學派吸取天文、曆算、地理等自然科學知識營養而開出的思想之花。兩者的學術淵源是有所不同的。

一九九九年三月廿一日寫畢，時值春分。

---

[4] 呂子方：《中國科學技術史論文集》，上冊第289頁，四川人民出版社，1983年。

附錄

帛書《道原》注釋

題解

本篇推究和論述道的本原、性質和偉大作用。道，先於天地萬物形成的本原。“迵同大虛”，至虛至無，是無限的、“獨立不偶”的存在。道作為在“虛同為一”中居處的“恆一”，無形無名，能小能大，“盈四海之內，又包其外”，“萬物得之以生，百事得之以成”，乃一切事物生長的源頭和依據。道以無為為本質，高不可察，深不可測，“精微之所不能至，稽極之所不能過”。只有體道無為的聖人，“能察無形，能聽無聲”，才能通天地之精。所以君王無為而治，必先審治形名，“分之以其分，而萬民不爭，授之以其名，而萬物自定”。握少以知多，操正以治奇，“抱道執度，天下可一也”。

恒先之初①，迵同大虛②。虛同爲一，恒一而止③。濕濕夢夢④，未有明晦⑤。神微周盈⑥，精靜不（熙）⑦。古（故）未有以⑧，萬物莫以⑨。古（故）無有刑（形），大迵無名⑩。天弗能復（覆），地弗能載。小以成小⑪，大以成大⑫，盈四海之內，又包其外⑬。在陰不腐，在陽不焦⑭。一度不變⑮，能適規（蚑）僥（蟯）⑯。鳥得而蜚（飛），魚得而流（游），獸得而走⑰。萬物得之以生，百事得之以成⑱。人皆以之，莫知其名⑲。人皆用之，莫見其刑（形）。

注釋

①恆：讀爲緪（ㄍㄥˋ），窮究、追究。《文選．班固：〈答賓戲〉》：“潛神默記，緪以年歲。”李善注引《方言》：“緪，竟也。”《廣雅．釋詁四》：“竟，窮也。”先：帛書整理小組1974年線裝大字本、1980年布面精裝本皆作“无”，帛書“無”字多作“无”，與“先”字形近而易混淆，今據李學勤先生《帛書〈道原〉研究》所釋，應以“先”爲是。先，指天地萬物出現之前。初：宇宙的本原和初始。參看《老子》：“有物混成，先天地生。”河上公章句：“謂道無形，混沌而成萬物，乃在天地之前。”

②迵（ㄉㄨㄥˋ）：通、通達。《玉篇》：“迵，通達也。”迵同：通同、混同，與“洞同”義同。參看《淮南子．要略》：“通迵（原誤作迴，據王念說校改）造化之母也。”同書〈詮言訓〉：“洞同天地，渾沌爲樸，未造而成物，謂之太一。”《文子．符言》：“道至高無上，至深無下，……包裹天地而無表裏，洞同覆蓋而無所礙。”大虛：猶言至虛，虛中之虛，虛之極也，道家以爲宇宙萬物之本始。參看《老子》：“天下萬物生於有，有生於無。”《文子．精誠》：“動溶（原作動，據《淮南子．俶真訓》補）乎至虛，游心乎太無。”《老子指歸》卷二：“故虛之虛者生虛者，無之無者生無者，無者生有形者。……道，虛之虛，故能生一。

③恆一：即太一、道也。恆有廣大之義，《方言》卷二：“恆慨，言既廣又大也。荊揚之間，凡言廣大者謂之恆慨。”恆慨是雙聲複合詞。《莊子．天

下》："主之以太一。"成玄英疏："太者廣大之名，一以不二爲稱。"止：居、居住。《毛詩・商頌・玄鳥》："邦畿千里，維民所止。"鄭玄箋："止，猶居也。"此二句言，大虛通同，混而爲一，即是太一所居。參看《文子・九守》："天地未形，窈窈冥冥，混而爲一。"同書〈道原〉："無形者，一之謂也。"《莊子・天地》："泰初有無，無有無名，一之所起，有一而無形。"

④濕濕：開合之貌。見《文選・木華：〈海賦〉》："瀼瀼濕濕。"李善注。濕，（音ㄔㄟˋ）一說，疑濕字乃"混"之訛誤。夢夢：讀爲蒙蒙，模糊不清貌。

⑤未有明晦：沒有白晝與黑夜之分。此二句頗近長沙子彈庫帛書"夢夢墨墨"、"未有日月"之語，見饒宗頤先生《楚帛書與〈道原篇〉》。

⑥神微周盈：神微猶言神妙。《荀子・解蔽》："未可謂微也。"楊注："微者，精妙之謂也。"參看《文子・自然》："神微周盈，於物無宰。"李定生、徐慧君注："謂神妙莫測而無主，周遍萬物而無窮。"

⑦精靜不熙：此句言道爲至精，靜而自得，涵隱著光耀。熙：光耀。《爾雅・釋詁下》："熙，光也。"參看《管子・心術上》："靜則精，精則獨立矣。獨則明，明則神矣。神者至貴也。"本篇此二句似描述道之"獨立而不改，周行而不殆。"

⑧故未有以：言大道無爲而無以爲。以：做、從事。《玉篇》："以，爲也。"《老子》："眾人皆有以。"王弼注："以，用也。皆欲有所施用也。"

⑨萬物莫以：以借爲似。此句言萬物之中沒有什麼能達到與大道完全相似。

⑩大迵無名：《文子・道原》："夫道者，陶冶萬類，終始無形，寂然不動，大通混冥。"與此二句甚相近。參看《呂氏春秋・大樂》："道也者，至精也。不可爲形，不可爲名。強爲之名，謂之太一。"

⑪小以成小：宋玉《小言賦》曰："無內之中，微物潛生，比之無象，言之無

名，蒙蒙滅景，昧昧遺形，超（應爲起字）於大虛之域，出於未兆之庭。……視之則眇眇，望之則冥冥。”即描述小以成小，與本篇文辭相似。

⑫大以成大：此二句參看《管子・心術上》：“道在天地之間也，其大無外，其小無內。”《文子・九守》：“無外之外，至大；無內之內，至貴。能知大貴，何往不遂。”《呂氏春秋・下賢》：“以道爲宗，與物變化而無所終窮，精充天地而不竭，神覆宇宙而無埒，莫知其源，其大無外，其小無內，此之謂至貴。”

⑬又包其外：《文子・道原》稱，道“苞裹天地”。同書〈微明〉：“道可以包裹天地。”

⑭此二語見《老子》第25章河上公章句引用：“道通行天地，無所不入，在陽不焦，在陰不腐，無不貫穿而不危殆。”《淮南子・原道訓》得道者“入火不焦，入水不濡”，語亦與此相近。

⑮一度不變：參看《文子・道原》：“萬物之總，皆閱一孔，百事之根，皆出一門，故聖人一度循軌，不變其故，不易其常。”

⑯蚑蟯：蚑爲長足小蜘蛛、蟯蟲無足，此指小蟲類低等動物。《文子・道原》：“大苞群生而無私好，澤及蚑蟯而不求報。”亦見《淮南子・原道訓》。

⑰參看《文子・道原》：“山以之高，淵以之深，獸以之走，鳥以之飛，麟以之游，鳳以之翔，星曆以之行。”乃發揮本文之旨。

⑱參看《文子・道原》：“萬物不得不生，百事不得不成。”亦見《淮南子・原道訓》。又，《管子・內業》：“道也者……人之所失以死，所得以生也；事之所失以敗，所得以成也。”

⑲參看《老子》：“吾不知其名，字之曰道。強爲之名曰大。”《管子・白心》：“道……民之所以，知者寡。”同書〈內業〉：“道滿天下，普在民所，民不能知也。”

一者其號也①，虛其舍也，無爲其素也②，和其用也③。是故上道高而不可察也，深而不可則（測）也④。顯明弗能爲名，廣大弗能爲刑（形）。獨立不偶，萬物莫之能令⑤。天地陰陽，〔四〕時日月，星辰雲氣，規（蚑）行僥（蟯）重（動）⑥，戴根之徒⑦，皆取生，道弗爲益少；皆反焉，道弗爲益多⑧。堅強而不撌⑨，柔弱而不可化⑩。精微之所不能至，稽極之所不能過⑪。故唯聖人能察無刑（形），能聽無〔聲〕⑫。知虛之實，後能大虛⑬；乃通天地之精⑭，通同而無間⑮，周襲而不盈⑯。服此道者⑰，是謂能精⑱。

注釋

①參看《韓非子·揚權》：“道無雙，故曰一。”

②《文子·道原》：“虛無者道之舍也，平易者道之素。”《淮南子》之〈俶真訓〉、〈詮言訓〉亦有此二語，皆與本文甚近。素：本質、本性。《廣雅·釋詁三》：“素，本也。”〈俶真訓〉高誘注：“素，性也。”

③以上四句，在嚴遵《老子指歸》卷一有較完整的引用和發揮：“一其名也，德其號也，無有其舍也，無爲其事也，無形其度也，反其大數也，和其歸也，弱其用也。”

④《文子·道原》：“夫道者，高不可極，深不可測，苞裹天地，禀受無形。”《淮南子·原道訓》作“高不可際”，際借爲察，與帛書同。

⑤獨立不偶：道獨立而無雙。此二句發揮《老子》道“獨立而不改，周行而不殆”之義。道“可以爲天下母”，萬物豈能使令之、更改之。

⑥蚑行蟯動：參看《淮南子・俶真訓》："夫與蚑蟯同乘天機。"高誘注："蚑行蟯動，諭微細也。"

⑦戴根：即植根。戴當作載，古多混用。載借爲植，二字聲母精、禪爲齒舌鄰紐，其韻之、職對轉，故得通借。《尙書・金縢》："植璧秉珪。"《史記・魯周公世家》植作戴（載），是其證。本文"載（植）根之徒"，乃指植物。《淮南子・原道訓》："草木注根。"與"載根"音義皆相近。參看《新語・道基》："跂行喘息，蜎飛蠕動之類，水生陸行，根著葉長之屬。"

⑧《管子・白心》："道者，一人用之不聞有餘，天下行之不聞不足。"與此文意相似。

⑨堅強而不撌：《文子・道原》作"堅強而不匱"。《淮南子・原道訓》此文作"鞼"，高誘注："鞼，折。"

⑩柔弱而不可化：《文子・上仁》："夫太剛則折，太柔則卷，道正在於剛柔之間。"與此二句之意近。

⑪稽極：法式、準則。此二句言，大道之運行，是人們竭精索微所不能達到，世間的法式準則所不能超越。一說，此二句同爲所字詞組作謂語，疑有脫文，即缺漏作該詞組施動者的名詞，殆應補作"精微【人】之所不能至，稽極【世】之所不能過"。言道之精微、法則皆不可逾越。

⑫參看《文子・精誠》：聖人"聽於無聲，視於無形，不拘於世，不繫於俗。"同書〈自然〉："立天下之道，執一以爲保，反本無爲，虛靜無有，忽恍無際，遠無所止，視之（之，於也。'聽之'亦'聽於'也）無形，聽之無聲，是謂大道之經。"《淮南子・說林訓》："視於無形，則得其所見矣；聽於無聲，則得其所聞矣。"《鄧析子・轉辭》："視於無有則得其所見，聽於無聲則得其所聞。故無形者有形之本，無聲者有聲之母。"

⑬後能大虛：此二句承上而言，視於無形聽於無聲，就是由虛而知實，然後能漸入至虛之境，反本歸始。《文子・微明》："是故真人託期於靈臺，而歸居於物之初，視於冥冥，聽於無聲，冥冥之中獨有曉焉，寂寞之中獨有照焉。"

⑭乃通天地之精：以下三句敘述一種體道的境界。“天地之精”，指“道”。前引《呂氏春秋·大樂》：“道也者，至精也。”

⑮通同而無間（ㄐㄧㄢˋ）：通同爲一，至密而無隔閡。參看《老子》：“無有入無間。”河上公章句：“無有，謂道也。道無形質，故能出入無間，通神明濟群生也。”嚴遵《老子指歸》卷二：“神明在身，出無間，入無孔，俯仰之頃經千里。由此言之，有爲之爲，有廢無功；無爲之爲，成遂無窮，天地是造，人物是興。有聲之聲，聞於百里；無聲之聲，動於天外，震於四海。”卷四：“上下相象，中表相應，出入無朕，往來無間，若影之於形，響之與聲。”皆發揮“通同無間”之義。

⑯周襲：猶言周合、符合。《淮南子·天文訓》：“天地之襲精爲陰陽。”高誘注：“襲，合也。”

⑰服：信服；奉行。

⑱能精：參看帛書《經法·道法》：“故能至素至精，浩彌無形，然後可以爲天下正。”

明者故能察極，知人之所不能知①，人服人之所不能得②。是胃（謂）察稽知○極。聖王用此，天下服。無好無亞（惡），上用□□而民不麋（迷）惑。上虛下靜而道得其正③。信能無欲，可為民命④。上信無事，則萬物周扁（徧）⑤：分之以其分，而萬民不爭⑥；授之以其名，而萬物自定⑦。不為治勸⑧，不為亂解（懈）。廣大，弗務及也；深微，弗索得也⑨。夫為一而不化⑩。得道之本，握少以知多⑪；得事之要，操正以政（正）畸（奇）。前知大（太）古，後□精明⑫。抱道執度，天下可一也。觀之大（太）古，周其所以⑬。索之未無，得之所以。《道原》四百六十四

注釋

①參看《淮南子・氾論訓》："耳不知清濁之分者，不可令調音；心不知治亂之源者，不可令制法。必有獨聞之聽，獨見之明，然後能擅道而行矣。"同書〈兵略訓〉："獨見者，見人所不見也；獨知者，知人所不知也。見人所不見，謂之明；知人所不知，謂之神。"

②服字前"人"字為衍文，當刪。服：得。《老子》："是謂早服。"河上公章句："服，得也。"

③參看《老子》："清靜為天下正。"《管子・心術上》："天曰虛，地曰靜，乃不伐。……天之道虛，地之道靜，虛則不屈，靜則不變，不變則無過，故曰不伐。"張佩綸曰："伐當作忒。"忒：差錯；失誤。

④參看《老子》："我無爲而民自化，我好靜而民自正，我無事而民自富，我無欲而民自樸。"民命：民眾的意願。《尙書．盤庚下》："朕及篤敬，恭承民命。"

⑤萬物周徧：周徧，同"周遍"。言遍及萬物。《墨子．非儒下》："遠施周徧，近以脩身。"參看《周易．繫辭上》："智周乎萬物，而道濟天下。"《管子．心術上》："天之道，虛其無形，……無形則無所位趏，無所位趏，故徧流萬物而不變。"

⑥參看《管子．七臣七主》："律者，所以定分止爭也。"《愼子》："今一兔走，百人逐之。非一兔足爲百人分也，由未定也。由未定，堯且屈力，而況眾人乎？積兔滿市，行者不顧。非不欲兔也，分已定矣。分已定，人雖鄙不爭。故治天下及國，在乎定分而已。"（據《呂氏春秋．愼勢》轉引）

⑦參看《管子．君臣上》："名正分明，則民不惑於道。道也者，上之所以道民也。"《尸子．發蒙》："若夫名分，聖人之所審也。……審名分，群臣莫敢不盡力竭智矣。天下之可治，分成也。是非之可辯，名定也。"《尹文子．大道上》："名定則物不競，分明則私不行。"

⑧不爲治勸：此二名言，不因天下已治而感到受鼓勵，也不因天下猶亂而產生懈怠。

⑨此二句言無爲而治之效，天下廣大，不費力而遍及；事理深微，不苦求而領會。

⑩爲一而不化：爲一猶言執一。參看《淮南子．齊俗訓》："故聖王執一而勿失，萬物之情測矣，四夷九州服矣。夫一者至貴，無適（敵）於天下。聖人託於無適，故民命繫矣。"同書〈詮言訓〉："夫無爲則得於一也。一也者，萬物之本也，無敵之道也。"

不化：不變也。《列子．天瑞》，"有化、不化。（張湛注：化物而不自化者也。）不化者能化化。（張注：不化者，固化物之主。）"

⑪握少以知多：參看司馬談《論六家要指》，謂道家其爲術也，“指約而易操，事少而功多”，“至於大道之要，去健羨，絀聰明，釋此而任術”。《漢書·藝文志》亦稱道家者流，“知秉要執本，淸虛以自守，卑弱以自持，此君人南面之術也”。

⑫後□精明：據前文“是謂能精”，缺文似爲“能”。

⑬周其所以：較全面地理解“道”的由來和變化。《鬼谷子·符言》：“人主不可不周。”陶弘景注：“周謂徧知物理。”參看《老子》：“執古之道以御今之有，能知古始，是謂道紀。”

⑭索之未無：疑“未”字乃“末”字之訛，形近而誤。末：無也。《小爾雅·廣詁》：“末，無也。”其例已三見於《論語》，見皇侃所作義疏。末無，殆爲雙聲同義複詞。此句言體道無爲，求之於冥冥虛無。戰國前期道家鄭長者有言：“體道，無爲無見也。”（據《韓非子·難二》轉引）

⑮得之所以：之，猶“其”也，二字互文通用。說詳《古書虛字集釋》卷九。所以：原因、道理。《文子·自然》：“天下有始，莫知其理，唯聖人能知所以。”此句言由虛知實，由無知有，去認識天地萬物終始的原因和道理。

《管子・水地》新探

〈水地〉是《管子》書中頗具獨特思想光彩的一篇著作。本世紀二十年代，呂思勉先生指出“此篇文尚易解，語多荒怪；然頗有生物學家言，亦言古哲學者可寶之材料也。”[1] 五十年代，郭沫若先生認爲此篇乃受戰國中后期“五德終始”說影響，“遞興廢，勝者用事”，他在《管子集校》中案曰：“其極贊水德者，自戰國以來有此議論。《呂氏春秋・應同篇》言‘周以火德王，代火者必將水，天且先見水氣勝。水氣勝故其氣尚黑，其事則水。水氣至而不知備，數將徙于土。’其後秦并天下，即採用此說而見諸實施。秦亡之后，楚漢繼之，政朔服色，均未及改，故此篇仍稱水爲神，稱水爲‘具材’也。”本文試就《水地》篇在思想史上的地位，其與五行學說的關係，其學術淵源如何，加以探索考察。

一、古老的哲學命題

〈水地〉開篇曰：“水，具材也。”意即水的品性通流天地，周藏于萬物，具備了一切，構成了一切。這就提出了一個重要的哲學命題：水是萬物的本原。末段寫道：

> 是故具者何也？水是也。萬物莫不以生，唯知其托者能爲之正。具者，水是也。故曰：水者何也？萬物之本原也，諸生之宗室也，美惡、賢不肖、愚俊之所產也。

由此我們不能不聯想到泰勒斯（Thales），世所公認的希臘的亦即西方哲學史上的第一位哲學家。泰勒斯約生活在公元前七世紀的最後三十年至六世紀前半期，相當于中國東周時從周襄王至靈王在位間。泰勒斯首先提出了自然界萬物的本原是什麼的問題，并綜合了若干事實的理由第一次給予了答案：“水

---

[1] 呂思勉：《經子解題》，第148頁，商務印書館，1926年。

是本原。”就是這樣一個最單純的命題，成爲西方哲學史的開篇。據亞里斯多德論述：[2]

> 在第一批作哲學思考的人中，大多數人只把質料之類的東西當作萬物的本原（arkhe）。一切存在著的東西由它而存在，最初由它生存，毀滅後又復歸于它……人們說，這就是一切存在著的東西的元素和本原。……這種哲學的奠基人和領袖（arkhegos）泰勒斯認爲是水，他因而宣告大地浮在水上；他之所以作出這一論斷，可能是因爲他看到了萬物都要靠水分來滋潤。熱本身也來自它並依賴它而得以維持。由於這一點，再加上萬物的種子本性都是潮濕的，所以，水就成了潮濕東西的自然本原。（KRS 85）

而〈水地〉篇對這一古老命題的論證，與泰勒斯之說頗爲相似。首先是天地萬物，水無不滿，水無不居，滋潤著、充盈著萬物，構成了世界。“集于天地而藏於萬物；產於金石，集於諸生，故曰水神。集于草木，根得其度，華得其數，實得其量。鳥獸得之，形體肥大，羽毛豐茂，文理明著。萬物莫不盡其幾，反其常者，水之內度適也。”水是“諸生之根菀”，萬物盡其生機而“反其常”，也就是“歸根復命”[3]，依靠的仍然是在它們內部充盈適度的水份。

其次，“熱也來自水並賴其維持”。〈水地〉言水集於草木，肥其鳥獸，而傳說時代的燧人氏、包犧氏已經初知這種熱量轉換關係，故〈水地〉篇不復贅述。但論列水生神物，則明言“龜生于水，發之于火，于是爲萬物光”，無異于強調了水能轉化爲火，光熱之本原仍爲水。

泰勒斯認爲“大地浮在水上”，〈水地〉篇中是否也有類似觀念呢？不必在中國古代神話傳說或繪畫中尋找旁證推繹。“具者，水是也”就包含著這種觀念。“大地浮在水上”，換言之即水承載著托舉著大地萬物。而在古文字中，“具”字字形爲雙手托舉一鼎；陳夢家《西周銅器斷代》說，“具字从鼎，郭沫若所釋：以爲‘古从鼎作之字後多誤爲具。’字象兩手舉鼎之形，

---

[2] 漢語譯文引自苗力田主編：《古希臘哲學》，第20頁，中國人民大學出版社，1990年。

[3] 參看《老子》第十六章：“夫物芸芸，各復歸其根。歸根曰靜，是曰復命，復命曰常。”

舉、具古音亦相近。”由此可見，在上古漢語中，“具”有托舉之義。當古代哲人稱水爲“具材”、“具者”時，就已包含了水托舉天地，載浮萬物的意思。“唯知其托者能爲之正”。

“水爲萬物本原”這個古老的命題，兩三千年前的希臘和中國如此密切相通，是無庸驚疑的。遠隔重洋，不同民族，不同國度的哲學思想，往往在其“童年”時期具有更多相同相似之處，可能是因爲人類思維發展的共同規律，在樸實無華的“童年”更容易顯現出來。我們研究〈水地〉的獨特思想光彩，不應忽視其中古老的、初始的烙印及其後的餘輝遺跡。將相同哲學命題下〈水地〉篇之說與泰勒斯之說加以比較，還有利於對〈水地〉學術淵源、成書年代的考索，所以後文我們會再次回顧這一中西比較。

二、水與五量、五色、五味

從戰國到西漢，逐漸形成了一個以四時配五行、五方、五色、五音、五帝、五神、五祀、五數的陰陽五行系統，作爲人法天地的世界圖式，最完整的表述見於《呂氏春秋》十二紀和《禮記・月令》，以及《淮南子》中〈時則〉、〈天文〉二篇。那麼，〈水地〉篇所列“五量”、“五色”、“五味”是否也納入了上述五行系統呢？需要逐一考察。

> 準也者，五量之宗也。素也者，五色之質也。淡也者，五味之中也。是以水者，萬物之準也，諸生之淡也，違非得失之質。

“五量”。廣義言之，指測定長度、面積、重量、容量的用器，如《孔子家語・五帝德》王肅注五量爲“權衡、升斛、尺丈、里步、十百”，或如《管子・揆度》所說“權也，衡也，規也，矩也，準也，此謂‘正名五’。”〈水地〉言，當指窄義的容器，即《漢書・律曆志》云“量者，龠、合、升、斗、斛也”，又指出“量者……以井水準其槪”。孟康曰：“槪欲其直，故以水平之。井水清，清則平之。”顏師古注：“槪，以槪平斗斛之上者也。”帛書《經法・四度》亦云“水之【上】曰平”。可見，〈水地〉所論“準爲五量之中”，是指用水校驗容量之器的準確性，與陰陽五行系統了不相涉，更不同于〈時則訓〉所反映的秦漢時“陰陽大制有六度：天爲繩，地爲準，春爲規，夏爲衡，秋爲矩，冬爲權”，只不過是以水爲諸量之準。

“素爲五色之質”。五色當爲青、黃、白、黑、赤，而水清澈透明，無色，故爲五色的基礎，如孔子所說的“繪事後素”。“素”的古義：質也，樸也，本也。從較深的層面體會，此語關係到春秋時期以來中國哲人討論的“文”、“質”問題，孔子有“質勝文則野，文勝質則史”和“文猶質也，質猶文也，虎豹之鞟猶犬羊之鞟”的意見，而〈水地〉所論似乎更近於道家“見素抱朴”之說，五色成文而以素爲本，“必有其質，乃爲之文”，“文不勝質之謂君子”。[4]

“淡者五味之中”。《說文》：“淡，薄味也。”而尹知章注云：“无味謂之淡。水雖无味，五味不得不平也，故爲五味之中也。”厚味荼毒，故《老子》云“五味令人口爽”（十二章），又云“爲无爲，事无事，味无味”（六十三章），論述大道亦以“淡”爲譬喻：“道之出口，淡乎其无味，視之不足見，聽之不足聞，用之不足既”（三十五章）。〈水地〉以“淡”之无味爲酸、辛、鹹、苦、甘五味之中，親和五味，又爲五味之極，深合道家思維方式。這使人還聯想到莊子的名句“游心于淡，合氣于漠”（〈應帝王〉），“君子之交淡若水，小人之交甘若醴；君子淡以親，小人甘以絕”（〈山木〉），而與陰陽五行系統則很難掛上鉤來。

〈水地〉論水與五量、五色、五味之關係問題，前人以郭嵩燾《讀管札記》的闡釋較爲平實可觀：“準以明水之用，質以著水之體（引者案：‘質’字疑當爲‘素’字。），淡者水之本原也。”以陰陽五行說爲釋，或以圖讖說解，都與〈水地〉的原意不合。由此看來，認爲〈水地〉受戰國時“五德終始”說影響，也是大可懷疑的。

三、《水地》與帛書《胎產書》

水爲萬物之原，人同樣是由水構成的。〈水地〉篇的這個觀點，與漢代以來流行的“女媧摶土作人，劇務，力不暇供，乃引絙于泥中，舉以爲人”的神

---

[4] 參看《老子》第十九章、《淮南子・本經訓》、《繆稱訓》。

話傳說大異其趣。[5]〈水地〉篇裡有傳世中國古籍有關人的胚胎怎樣形成和發育成熟的最早論述：

> 人，水也。男女精氣合，而水流形。三月如咀。咀者何？曰五味。五味者何？曰五藏。酸主脾，鹹主肺，辛主腎，苦主肝，甘主心。五藏已具，而後生五內。脾生膈，肺生骨，腎生腦，肝生革，心生肉。五內已具，而後發爲九竅。脾發爲鼻，肝發爲目，腎發爲耳，肺發爲竅。五月而生，十月而成。

據《五行大義》、《太平御覽》引文校勘，這段文字有異文和脫文，但不影響我們討論五味主五藏所涉及的五行系統問題。〈水地〉所論與《黃帝內經》論列的五行系統頗有出入。《素問．陰陽應象大論》謂"木生酸，酸生肝；火生苦，苦生心；土生甘，甘生脾；金生辛，辛生肺；水生鹹，鹹生腎；"與《今文尚書》歐陽說同。

章太炎《管子餘義》就〈水地〉此文指出："五藏之配五行，舊有兩說。《異義》曰《今文尚書》歐陽說：肝，木也；心，火也；脾，土也；肺，金也；腎，水也。《古文尚書》說：脾，木也；肺，火也；心，土也；肝，金也；腎，水也。及讀此篇，則又自爲一說，以味準行，則脾，木也；肺，水也；腎，金也；肝，水也；心，土也。按肝膽同居而膽汁味苦，則謂苦主肝者，優於今古二文說矣。"[6]

章氏之說甚辯，力圖將〈水地〉五味五臟納入一個有特色的五行系統。但章氏可能忽略了至遲從戰國後期以來，陰陽五行系統儘管無所不包，可以去框說一切，但不外乎木火土金水相生說與土木金火水相克說這兩種程式，二者可以朝反方向推衍互證，故鄒衍在齊主張五行生說，在燕宣傳五行相勝說，今古文《尚書》的五臟配五行雖分配有差異，但都是依照五行相生的程式，而章氏將〈水地〉篇"酸、鹹、辛、苦、甘"五味和"脾、肺、腎、肝、心"五臟配以木、水、金、火、土，既不相生而不相克，不成系統，只能再一次證明〈水地〉不存在陰陽五行系統。章氏在依據五行相生的程式作"以味准行"時，毫不考慮〈水地〉的五味、五臟爲何有不同順序，令人遺憾。

這裡我們要提起與〈水地〉上述內容近似的一個出土文獻，即馬王堆漢墓

---

5 《太平御覽》卷七十八引《風俗通》。

6 參看《禮記．月令．孟春》："祭先脾。"孔穎達《正義》引許慎《五經異義》。

帛書《胎產書》。該書述胚胎的形成和發育，云“一月名曰流行”，“二月始膏”，“三月始脂”，“四月而水授之，乃始成血”，“五月而火授之，乃始成氣”，“六月而金授之，乃始成筋”，“七月而木授之，乃始成骨”，“八月而土授之，乃始成膚革”，“九月而石授之，乃始成毫毛”，“十月氣陳”而出生。呱呱墜地。

從四月到七月，以水、火 金、木、土、石與血、氣、筋、骨、膚革、毫毛六者的形成相配，其中如以水類血、木類骨、土敷爲膚革，喻象比類的意義頗淸楚，九月之“石”則需說明，因爲中國古代醫學有以石爲糧的認識，如《神農本草經》上品中的滑石、五色石脂、禹餘糧、都有“久服輕身不飢長年”的效果，此文之“石”當爲喻代穀物糧食，稻穀之實皆有芒，故文中有“石（穀）”授而毫毛成的說法，《醫心方》卷二十二所載《產經》闡發《胎產書》十義，稱“九月穀入胃”，也爲“石”喻代穀提供了旁證。明白了這一點，就可以發現帛書《胎產書》的水、火、金、木、土、石（穀），與《左傳．文公七年》郤缺解釋《夏書》稱“水、火、金、木、土、穀，謂之六府”，[7]二者完全吻合。所以後來北齊徐之才論逐月養胎。《產經》、《諸病源候論》說解四至九月養胎，以三焦經配水，以脾經（土）配火，以胃經配金，以肺經（金）配木，以大腸經配土，以腎經（水）配石，顯得非常矛盾，就是因爲後人依據的今文陰陽五行系統，與《胎產書》五行六府古義完全不符。分析《胎產書》還啓發我們，假如〈水地〉有五行觀念，那麼也一定與〈洪範〉、《左傳》一樣，尙未具備五行相生或相勝的含義，對五種基本物質的認識尙處於樸素的初始階段。

從呂不韋到董仲舒、班固，陰陽五行系統完成了由雛形而完備，最終凝結爲一整套固定程式的過程，受到帝王的遵從，成爲社會的統治思想。董仲舒以“五行莫貴于土”，“木，五行之始也；水，五行之終也；土，五行之中也”。[8]班固云“水位在北方。北方者陰氣，在黃泉之下，任養萬物。水之爲言準也，陰化沾濡任生木”，“火昜，君之象也；水陰，臣之義也。”[9]雖然如此，西漢至三國，我們仍然可以聽見〈水地〉篇古老命題的餘響：

---

[7] 楊伯峻先生指出，六府即日常不可缺少之六物。

[8] 《春秋繁露．五行對》、《五行之義》。

[9] 《白虎通德論・五行》。

曾與董仲舒在漢武帝面前辯論，“處事分明，仲舒不能難”的韓嬰，盛贊水“似有德者，天地以生，群物以成，國家以平，品物以正。此智者所以樂于水也。”語見《韓詩外傳》卷三第二十五章。

李尋向漢哀帝進言則強調：“五行以水爲本，其星玄武婺女，天地所紀，終始所生。水爲準平，王道公正修明，則百川理，落脈通。”[10]仍以〈水地〉篇“聖人之化世也，其解在水”立論。

三國時魏人管輅是著名的方術家，有“水上應五星，下同五藏”之說，猶存〈水地〉篇“人，水也，”水流形而生五藏的餘義。[11]

〈水地〉篇本身不存在陰陽五行系統的義縕，然而它的古老思想在陰陽五行學說發展進程中產生過一定的影響，則是應當確認的。

四、《水地》學術探源

水爲“道之室，王者之器”，聖人治世，“其樞在水”，〈水地〉篇稱“管子則之”，“管子以之”。可是追溯〈水地〉的學術淵源，就發現齊國未必就是源頭所在。從〈水地〉學術的兩大特點——崇拜水、貴玉德分析，其發源地域的人們一是善水習水，慣於水上生活，以水爲鄰居；二是對玉的產地、種類、質地、品格，有深刻的把握和體驗，兩者缺一不可。

而齊雖屬被帶山海的大國，“自泰山屬之琅琊，北被于海，膏壤二千里”，“人民多文彩布帛魚鹽”，“其俗寬緩闊達，而足智好議論，地重，難動搖，怯于眾鬥，勇于持刺，故多劫人者”，[12]不具備上述兩個條件。從《管子》書中可以看出，齊人患水。桓公問國準，管子對曰：“孟春且至，溝瀆阸而不遂，溪谷障上之水不安于藏，內毀室屋，壞墻垣，外傷田野，殘禾稼，故君謹守泉金之謝物，且爲之舉。”海水淹滯的土地，亦占齊地的五分之一。

---

[10] 《漢書·李尋傳》。

[11] 據《五行大義》卷一轉引。

[12] 參《史記·齊太公世家》、《貨殖列傳》。

(〈輕重丁〉)故管仲以水爲五害之首,“五害之屬,水最爲大”,人受水害傷困則輕法,不孝不臣,故國難治。(〈度地〉)在戰爭中,齊人恐懼水戰,故有管仲提出使齊人學游泳,“不避吳越”的傳說。(〈輕重甲〉)再者,齊國所用玉非本地出產,而是“禺氏之玉”(〈揆度〉)。舊注說“禺氏,西北戎名,玉之所出”,據王國維考證,禺氏即原在中國之北,後西徙大夏的月氏。[13]〈水地〉稱“水集于玉而九德出焉”,而齊人有玉勝水的觀念,“玉者陰之陰也,故勝水,其化如神”。(〈侈靡〉)可見,〈水地〉學術源頭不在齊,當轉移研究的角度尋求,至于文中稱“管子則之”,殆爲稷下學者傳承整理時所增。

研究者認爲,泰勒斯提出萬物的本原是水,同米利都人的海上活動很有關係,同時也從神話世界觀裡吸取了思想成份,正如亞里斯多德所指出的那樣,那些遠古的最初對神聖事物進行過思考的人,就把海神夫婦當作創造萬物的祖先,而神靈們對著起誓的見證也是水,而人們對著起誓的東西是最古老最受尊崇的東西。[14]

而在中國古代的方國和民族中,最善於在江湖水網和海上生活、征戰的,首推吳、越。中國上古神話中的水神,也居住在後來的吳越之地。加之一種優秀的玉器文化,在這塊土地上有相當悠久的歷史。可見,吳越具備了〈水地〉學術發源地的一切條件。下文就此三方面考述:

1．吳居蘇南,越處浙北,並在長江三角洲;古來就是河道縱橫、湖澤眾多的水鄉澤國。故范蠡謂句踐曰:“與我爭三江五湖之利者非吳耶!”伍子胥亦謂夫差曰:“吳之與越,仇讎敵戰之國也。三江環之,民無所移,有吳則無越,有越則無吳矣。……員聞之,陸人居陸,水人居水。夫上黨之國,我攻而勝之,吾不能居其地,不能乘其車;夫越國,吾攻而勝之,吾能乘其舟。”范、伍之言,清楚地說明了吳越地理形勢。

吳、越其人多習於舟楫,兩國軍隊亦多舟師。《越絕書・外傳記地傳》載句踐曰:“越性脆而愚,水行而山處;以船爲車,以楫爲馬;往若飄風,去則難從。銳兵任死,越之常性也。”《水經・河水注》引《竹書紀年》:

---

13 《觀堂別集補遺・月氏未西徙大夏時故地考》。

14 引自楊適:《哲學的童年》第82、83頁,中國社會科學出版社,1987年。

"魏襄王七年（公元312年），四月越王使公師隅來獻乘舟，始罔及舟三百，箭五百萬。"《左傳・哀公十年》載，"齊人弒悼公"，夫差命"徐承帥舟師將自海入齊"討伐。由吳循海道入齊，海行數千里，吳舟師之強，可以想見。吳、晉相爭於黃池時，越王海江兩路並舉以攻吳，其舟師或較吳更具規模。滅吳後，范蠡"自與其私徒乘舟浮海以行"，至齊國。表明不僅吳越官府能浮海征戰，大夫之家亦能作浮海出齊的遠航。以上說詳蒙文通先生《吳、越之舟師與水戰》，這也是吳越文化北傳的重要途徑和歷史背景。

2・天吳是中國上古神話中的水神。《山海經・海外東經》載："朝陽之谷，神曰天吳，是為水伯。在 虹虹北兩水間。其為獸也，八首人面，八足八尾，皆青黃。"而朝陽之北是青丘國，"其狐四足九尾"。案：朝陽之谷雖不可確指，但其比鄰的青丘國，史籍有載。《逸周書・王會》："青丘狐九尾，周頭煇羝。"孔晁注云："青丘，海東地名。周頭，亦海東夷。"王褒《四子講德論》："昔文王應九尾狐而東國歸周。"青丘及朝陽，與黑齒、雕題皆為周之東土，即海東之國。春秋初，海東之國朝服於徐，吳、越勃興後，先後歸屬吳、越。天吳也可以視為吳越區域古老的海神，吳越的水崇拜和海洋崇拜，殆肇源於此。

3・吳越區域的先民，創造了良渚文化，其年代約為距今4000年左右，大致和中原地區龍山文化相當。在浙江的良渚、雙橋和江蘇的草鞋山、寺墩、張陵山等地的良渚文化遺址中，曾出土了大量磨製細膩、雕刻精細。花紋圖案精美、種類繁多的玉器，如璧、瑗、琮、璜、玦、珠、管、墜、鐲、蟬等。玉琮上雕著似獸面的圖案，十分莊嚴。有些玉器製作之精細和花紋之美觀，已達到製玉工藝的空前水平，[15]令現代研究者驚嘆。李學勤先生指出，余杭反山出土的一件白色琮形器，側視如琮，俯視如璧，正像天圓地方，似乎有關的觀念和禮制當時已經有了。[16]如果就"玉有九德"觀念追本溯源，與其向北方的禺氏之玉中尋找，不如回溯良渚文化玉器。

總上所述，我們認為〈水地〉的古老命題"水為萬物本原"及其相應觀

[15] 引自安金槐主編，《中國考古》第143頁，上海古籍出版社，1992年。

[16] 李學勤：《文物研究與歷史研究》，《中國文物報》1998年第10期。

念，其學術淵源在南方的吳越文化。由於“三代以來大一統”觀念的束縛，研究中國古代文化學術的傳統方法往往強調中原對四方周邊的影響和文化傳播，而不注意周邊“四裔”文化學術與中土諸國的對流，似不利於研究工作的拓展和深入。有感於此，試作新探。

本文〈水地〉學術源出吳越之說，還有一點意見，錄供探討。郭沫若先生說，〈水地〉文末分析齊、楚、越、秦、晉、燕、宋等地之水而及於民性。對齊、越、秦、晉、燕等地之水均有微辭，而獨贊楚水楚民兼及宋水宋民，戰國文獻對於宋人每加鄙視，此篇贊楚而美宋，不能無故，“余以爲此乃西楚霸王都彭城時作品。項羽乃下相人，下相與彭城均古宋地，而楚則項羽之故國而有天下之號也”。[17]謹案：文末所列七國之水，除燕以外，皆一度爲春秋時爭霸之國，所缺者惟吳國，故疑此段文字成於春秋戰國之交，越滅吳之後，三家分晉之前。而吳、越曾先後領屬淮泗之間的楚、宋之地。《史記·越世家》載句踐北上會盟後，即“以淮上地與楚，歸吳所侵宋地于宋，與魯泗東方百里。”《越絕書·外傳本事》云：“句踐之時，天子微弱，諸侯皆叛。于是句踐抑強扶弱，絕惡反之于善，取捨以道，沛歸于宋，浮陵以付楚，臨沂、開陽復之于魯，中國侵伐，因斯衰止。”[18]〈水地〉贊楚、宋之水，多少從側面襯托和表彰了句踐歸還吳所侵楚宋之地的正義之舉。至於郭以贊民性爲尺度考證作者，似不可從，前文１段引勾踐語即自認越民之性劣，贊宋民則因其俗有堯、舜、湯先王遺風，郭校改楚民之性“輕果而賊”爲“輕果而敢”，亦與《史記·貨殖列傳》載西楚“其俗剽輕，易發怒”不合。我們推測，〈水地〉篇祖本的作者，當爲戰國初年由南而入齊的越人。

越族作爲號稱“龍子”的水上民族，他們世代傳述的歷史，有一個“以玉爲兵”的時代，玉作爲水德精粹的體現，被置於耀眼的歷史高峰上。《越絕書·外傳記寶劍》云：

> 神農赫胥之時，以石爲兵，斷樹木爲宮室，死而龍臧，夫神聖主使然。至黃帝之時，以玉爲兵，以伐樹木爲宮室、鑿地。夫玉亦神物也，又遇聖主使然，死而龍臧。禹穴之時，以銅爲兵，以鑿伊闕，通龍門，決江導河，注于東海……。

---

[17] 《郭沫若全集》歷史編第6卷，474頁，人民出版社，1984年。

[18] 參見蒙文通：《越史叢考》，第138頁，人民出版社，1983年。

“以玉爲兵”劃分了一個歷史時代，爲他書所無。而研究良渚文化玉器。[19]剖析〈水地〉學術，有助於對越人古史傳說中玉兵時代的理解。

在吳越故土，〈水地〉的古老命題也沒有失傳，西晉初年的會稽學者楊泉，作《物理論》曰：

> 所以立天地者，水也。夫水，地之本也。吐元氣，發日月，經星辰，皆由水而興。（引自《太平御覽》卷第五十九）

“水是本原”，保持了如此悠久的思想魅力，在楊泉的《五湖賦》也有體現。

吳越作爲〈水地〉學術思想的發源地，可以說是當之無愧的。

---

[19] 已有專家指出，良渚文化玉器的原料，皆產于吳越本地。西周時，越玉亦致貢于周，《尙書·顧命》載周成王喪禮，西序“越玉五重”，馬融注云：“越地所獻之玉也。”

通假字匯解

述　例

一、本編以文物出版社1998年5月出版的《郭店楚墓竹簡》（省稱爲“整理本”）爲主要依據，將《老子》甲、乙、丙三組簡文中的通假字加以匯集排列，以便讀者瀏覽使用。

二、某些通假字的釋讀，主要採取了整理本注中所引裘錫圭教授的意見，少數則以拙作《柬釋》管見爲說。

三、本編所收通假字，按整理本竹簡編次先後爲序排列，以兩個相通用的漢字爲一組，（借字在前，本字或被借代字在後），加以編號。也收入了少量的古今字、異體字。每組字首次出現時，即行編錄，凡再次出現者不予收錄，以省篇幅。

四、每組相通字，一般先列古音，略分爲同音通借和音近通借。然後引用經籍文例，舉要爲證。爲避繁瑣，不一一臚列。限於學力，如該組字現存文獻中未見其例證、或證據不足，則暫付闕如。

五、本編古音之依據，主要是王力先生在《同源字論》前言中所立部類。《同源字論》分古韻爲三類二十九部，本編仍將冬部獨立出來，計爲三類三十部。《同源字論》將上古聲母分爲五大類三十三紐，本編仍從“照二組歸精組”，計爲五大類二十八紐。

六、爲便於讀者查找，以每組第一字爲字頭，本編附有《部首筆畫檢字表》。

001 絕

《說文·糸部》："絕，斷絲也。从糸，从刀，从卩。𢇍，古文絕，象不連體，絕二絲。"段注："斷絲以刀也，會意。"黃錫全《汗簡古文注釋》卷二："中山王壺'內絕郘公之業'之絕字作𢇍，以刀斷二絲。彡即刂斷筆。"郭店竹簡整理本注："𢇍，讀作絕。字也寫作'𢇍'，這是楚簡文字中特殊的寫法。《說文》古文'絕'字作𢇍，與簡文略同。"

簡甲1："𢇍（絕）智（知）棄卞（辯）。"

002 智 知

智、知，古音同爲支部、端紐。智字从知得聲，古多通用。《逸周書·官人》："設之以謀，以觀其智。"《大戴禮記·文王官人》智作知。《戰國策·趙策一》："知伯。"《史記·刺客列傳》作"智伯"。《淮南子·人間訓》："居智所謂，行智所之，事智所秉，動智所由，謂之道。"《文子·微明》智作知。《老子》十章："能無知乎？"《釋文》："知，河上本又直作智。"

003 弃 棄

《說文·𠦒部》："棄，捐也。弃，古文棄。"與簡文字形同。

004 鞭 辯

《老子》簡甲1："𢇍（絕）智（知）弃𡘋。"裘錫圭先生按："'弃'字下一字𡘋當是'鞭'的古文。'鞭''辯'音近，故可通用。後面《老子》簡丙

8也有此字，讀爲‘偏’。”參看《汗簡古文注釋》卷一：“[古文] 鞭。敦釋鞭作㝉，薛本作㝉。九年衛鼎鞭作[古文]，古陶文作[古文]（陶文編3.19），《說文》古文作[古文]。鄭珍認爲‘此蓋作[古文]，寫誤’。”

鞭、辯，古韻同隸元部，其聲幫、並爲脣音旁紐，故得通借。《老子》簡丙8：“是以[古文]（偏）將軍居左。”鞭、偏，其聲幫、滂同爲脣音旁紐，其韻元、真旁轉，故得通借。整理本釋[古文]爲卞，乃元部並紐字，音亦甚近。

005　伓　倍

伓，同伾。《集韻·脂韻》：“伾，眾也。一曰大力。或作伓。貧悲切。”伓、倍，古韻同隸之部，其聲幫、並脣音旁紐，故得通借。《正字通·人部》：“物財人事加等曰倍。”

簡甲1：“民利百伓（倍）。”

006　攷　巧

攷、巧，古音同爲幽部、溪紐。《玉篇·攴部》：“攷，今作考。”《易·履·上九》：“視履考祥，其旋元吉。”帛書《周易》考作巧。《書·金縢》：“予仁若考能，多材多藝。”《史記·魯周公世家》考作巧。同音通借。

簡甲1：“㡭（絕）攷（巧）棄利。”

007　覜　盜

覜、盜，古韻同隸宵部，其聲透、定舌音旁紐。《列子·周穆王》：“左駗盜驪。"《玉篇·馬部》盜驪作桃驪，《廣雅·釋畜》作駣驪。是從兆得聲之字與盜字通借之證。

簡甲1："覜（盜）惻（賊）亡又（有）。"

008　惻　賊

則、賊，古韻同隸職部，其聲精、從齒音旁紐，音甚近。故从則得聲之字，可與賊字通借。《史記·律書》："申者，言陰用事，申賊萬物。"集解引徐廣曰："賊一作則。"《史記·衛康叔世家》："恐其有賊心。"《尚書·大誥》序孔疏引賊作側。皆是其證。

009　亡　無

亡、無，同爲明紐字，其韻雖分隸陽、魚二部，然陰陽對轉，音亦甚近。上古多以亡借爲無、无，亡字讀音亦可讀與無字同。《書·洪範》："一極無凶。"《史記·宋微子世家》作"一極亡凶"。《漢書·陳志傳》注引此言，無亦作亡。《管子·封禪》、《通鑑外紀》引《六韜·大明》："無懷氏。"《漢書·古今人表》作"亡懷氏。"顏注："亡讀曰無。"《集韻·虞韻》又音"微夫切。無，或作亡。"

010　又　有

又、有古音同爲之部、匣紐。《儀禮·鄉射禮》："唯君有射于中國。"鄭注："古文有作又。"《國語·周語上》："而又不至。"《史記·周本紀》

又作有。《老子》七十章：“言有宗，事有君。”帛書《老子》甲、乙本有作又。

011　⿰忄爲　僞

⿰忄爲、僞，皆从爲得聲，古音同爲歌部、匣紐。僞，或讀疑紐，與匣爲牙音旁紐。例可通假。爲及从爲得聲之字，可借作僞字。《詩·唐風·采苓》：“人之爲言。”《釋文》：“爲，本或作僞。”《白孔六帖》九二引爲作僞。

簡甲1：“𢇍（絕）⿰忄爲（僞）弃⿱虘心。”

012　⿱虘心　詐

從且得聲，詐从乍得聲。且、乍爲齒音清、從旁紐，其韻雖分隸魚、鐸二部，然陰陽對轉，音亦甚近，例可通假。故字从且聲與从乍聲者，古多通借。《詩·大雅·蕩》：“侯作侯祝。”《釋文》：“作本或作詛。”《正義》：“作，即古詛字。”《說文》：“殂，古文作殁。”《詩·邶風·谷風》：“既阻我德。”《太平御覽》八三五引《韓詩》阻作詐。皆是其證。

013　复　復

复、復，古音同爲覺部、並紐。《說文》：“复，行故道也。”復，从复得聲。故得通借。《玉篇·夊部》：“复，行故道也。今作復。”《爾雅·釋言》：“復，返也。”

簡甲1：“民复（復）季〈孝〉子（慈）。”

014　子　慈

子、慈，古韻同隸之部，其聲精、從齒音旁紐。例可通假。《禮記·樂記》：“則易直子諒之心，油然生矣。”《韓詩外傳》三引“子諒”作“慈良”。《晏子春秋·外篇下》：“不可使子民。”《墨子·非儒下》子作慈。

015　叀　辨

叀，整理本從李家浩先生說，釋爲弁，在簡文“三言以爲叀不足”中借爲辨。《說文》：“辨，判也。”《小爾雅·廣言》：“辨，別也。”

案：經籍常以“卞”借爲“弁”，二字亦同爲元部並紐，故得通假。卞：法、法度。《書·顧命》：“臨君周邦，率循大卞。”《正義》：“明所循者，法也。故以大卞爲大法。王肅亦同也。”帛書本此句作“此三言也，以爲文未足”，“文”亦有法度之義。《國語·周語上》韋注：“文，禮法也。”一說，“叀”當釋爲“使”，同墓竹簡數見此字，皆釋“使”。參看171“叀、使”。

簡甲1、2：“三言以爲叀不足。”

016　命　令

命、令，古韻同隸耕部，命爲明紐、令爲來紐。在上古音前期，命、令可能皆爲複聲母〔ml〕，故甲骨文、金文中命、令同字，如（鐵12·4）、（牆盤、兎盤）。楚簡中命、令通借，猶見古音遺痕。

簡甲2：“或命（令）之或虐（呼）豆（屬）。”

017 虐 呼

虐从虎得聲，呼从乎得聲。二字古韻同隸魚部，其聲曉、匣牙音旁紐，音甚近。例可通借。又，呼字古音或讀曉紐，則聲韻皆同。裘錫圭先生指出，虐字簡文多讀爲“乎”，但在“或虐豆（屬）”句中似當讀爲呼。其說是也。

018 豆 屬

豆、屬，其紐定、禪爲舌音準旁紐，其韻分隸侯、屋二部，然陰入對轉，音亦甚近。故可通借。《漢書・匈奴傳》：“逗留不進。”顏注：“逗讀與注同。”《周禮・考工記・函人》：“犀甲七屬。”鄭注：“屬讀如灌注之注。”是豆聲、蜀聲皆與主聲通，可爲豆、屬二聲互通之旁證。簡文“或虐豆”，裘錫圭先生指出帛書本作“所屬”，“豆”、“屬”上古音相近。其說甚確。

019 索 素

索、素，古音同爲鐸部、心紐。古籍中二字多通用。《左傳・昭公十二年》：“八索九丘。”《釋文》：“索本或作素。”《爾雅・釋草》：“素華軌䍐。”《釋文》：“素又作索。”帛書《五行》：“索纑纑達於君子道。”整理小組注：“索”爲“素”字之借字。

簡甲2：“視索（素）保僕（樸）。”

020 僕 樸

簡文僕字，其下部从“臣”，與《說文》載“僕”字古文从“臣”相合，故整理本釋爲“僕”。僕、樸，皆从菐得聲，古音同爲屋部、並紐。《爾雅・

釋文》："樸枹者。"《釋文》："樸字又作僕。"《莊子·則陽》："是聖人僕也。"《釋文》："司馬本僕作樸。" 可爲二字通假之證。

021 厶 私

厶、私，古今字。《韓非子·五蠹》："古者蒼頡之作書也，自環者謂之私。"《說文》引作 "自營爲私。"《玉篇·厶部》："厶，姦邪也，今爲私。"

簡甲2："少厶（私）須〈寡〉欲。"

022 海 海

海，爲 "海" 字異體。趙之謙《六朝別字記》："海作海。" 馬王堆漢墓帛書《伊尹·九主》："伊尹受令（命）於湯，乃論海內四邦。" 亦正作此形。

簡甲2："江海（海）所以爲百浴（谷）王。"

023 浴 谷

浴、谷，古韻同隸屋部，浴爲喻紐，谷爲見紐。谷之古音原有喻紐一讀，《廣韻·燭韻》："谷，余蜀切。" 浴从谷得聲，其音原相同，故亦多通假。《老子》六章："谷神不死。"《釋文》："谷，河上本作浴。"《隸釋》三載邊韶《老子銘》，亦作 "浴神不死" 。《易·困·初六》："入于幽谷。" 帛書本谷作浴。今本《老子》諸章 "谷" 字，帛書《老子》甲、乙本多作 "浴" 。

024　才 在

才、在，古音同爲之部、從紐。《說文》："在，存也。从土，才聲。"《易·小畜》："尚德載。"于省吾先生《新證》："載、在、才、哉，古通。……金文在字、哉字多叚才爲之，如'王在某'之在，叚才爲之者不勝枚舉。"《書·益稷》："在治忽。"《漢書·律曆志》引作"七始詠。"案七當作才，古文形近而譌。

簡甲3："聖人之才（在）民前也。"

025　詀 猒

詀、猒，古韻同隸談部，詀爲端紐、猒爲影紐。然从占得聲之字，或又可讀影紐，《類篇》載"沾"字又音乙業切，韻則對轉入葉部。故知詀、猒二字古音相近，例可通借。

簡甲4："天下樂進而弗詀（猒）。"

026　靜 爭

靜、爭，古音同爲耕部、從紐。《說文》："靜，審也。从青，爭聲。"例可通借。《禮記·儒行》："靜而正之。"《釋文》："靜，徐本作諍。"《老子》八章："水善利萬物而不爭。"帛書《老子》甲本爭作靜。

簡甲5："以其不靜（爭）也。"

027　古　故

古、故，古音同爲魚部、見紐。《說文》：“故，使爲之也。从攴，古聲。”例可通借。《詩・大雅・烝民》：“古訓是式。”《列女傳》二引古作故。《戰國策・燕策二》：“欲以復振古埊也。”鮑本古作故。

簡甲5：“古（故）天下莫能與之靜（爭）。”

028　辠　罪

辠，與“罪”同。《楚辭・天問》：“湯出重泉，夫何辠尤。”《補注》：“辠，古罪字。”《楚辭・九章》：“何貞臣之辠兮。”《考異》：“辠一作罪。”

案：《說文》云：“辠，犯法也。从辛，从自。言辠人戚鼻，苦辛之憂。秦以辠似皇字，改爲罪。”《玉篇・辛部》：“辠，犯公法也。今作罪。”

簡甲5：“辠（罪）莫厚虐（乎）甚欲。”

029　虐　乎

虐、乎，古韻同隸魚部，其聲曉、匣牙音旁紐。音甚近，例可通借。在郭店楚簡文字中，虐多借爲乎，作虛詞用。乎，猶於、于也。乎，古字作虖。虎、虍、虖、謼、嘑、戲，古音相同。《說文》：“虖，哮虖也。”其義爲虎吼。段玉裁注云：“《風俗通》曰：‘虎聲謂之哮唬。’疑此‘哮虖’作‘哮唬’。”段說是。此亦虖（乎）與虎古音相通之佐證。或疑簡文“虐”即“虖”字之異構。參看017“虐、呼”。

030　甚　侵

甚、侵，古韻同隸侵部，其聲禪、清舌、齒鄰紐。古音相近，例可通借。湛从甚聲，可借爲沈。(《漢書‧郊祀志》："湛祠而去。"顏注："湛讀曰沈。")寖从㑴聲，亦可借爲沈。(《左傳‧宣公十二年》："沈尹將中軍。"杜注："沈或作寖。")是甚、侵古通之旁證。《左傳‧昭公二十六年》："侵欲無厭，規求無度。"

031　僉　憯

僉、憯，其韻分隸談、侵二部，音近旁轉，其聲同爲齒音清紐。例可通借。僉、籤、纖古音同，韱聲通參聲，(《詩‧魏風‧葛屨》："摻摻女手。"《文選‧古詩十九首》李善注引《韓詩》摻作纖。)，憯古通作慘，(《詩‧小雅‧雨無正》："憯憯日瘁。"《唐石經》憯作慘。)是僉、憯二字可通之佐證。帛書《老子》甲本僉作憯，《韓非子》之《解老》、《喻老》亦作憯。《說文》："憯，痛也。"

簡甲5："咎莫僉（憯）虐（乎）谷（欲）得。"

032　化　禍

化、禍，古韻同隸歌部，其聲曉、匣牙音旁紐。古音甚近，例可通借。《老子》十二章："難得之貨令人行妨。"帛書《老子》甲本貨作貨，是化聲、咼聲古通之證。

簡甲6："化（禍）莫大虐（乎）不智（知）足。"

033 亙 恆

亙、恆，古韻同隸蒸部，其聲見、匣牙音旁紐。恆从亙得聲，例可通借。《詩·大雅·生民》："恆之秬秠。"《釋文》："恆又本作亙。"

簡甲6：此亙（恆）足矣。"

034 衍 道

衍，《汗簡》載古文"道"字，與簡文同。

簡甲6："以衍（道）差（佐）人宔（主）者。"

035 差 佐

差、佐，古韻同隸歌部，其聲清、精齒音旁紐。《說文》："差，从左、从𠂹。"實从左得聲，例可通借。《易·萃·六三》："萃如嗟如。"帛書《周易》嗟作䟭。

036 宔 主

宔、主，古音同爲侯部、章紐。《說文》："宔，宗廟宔祏。从宀，主聲。"宔从主得聲，例可通借。

037　谷 欲

谷、欲，古韻同隸屋部，谷字古讀喻，欲亦喻紐。欲从谷得聲，古音原同，例可通借。《易·損·象傳》：“君子以懲忿窒欲。”《音訓》：“欲，晁氏曰：‘孟作谷。’”

簡甲6、7：“不谷（欲）以兵強於天下。”

038　癹 伐

癹、伐，古韻同隸月部，其聲幫、並唇音旁紐。例可通借。《說文》：“發，从弓、癹聲。”發與伐古多通假，可爲佐證。《逸周書·官人》：“發其所能。”《大戴禮記·文王官人》發作伐。

簡甲7：“果而弗癹（伐）。”

039　喬 驕

喬、驕，古韻同隸宵部，其聲群、見牙音旁紐。驕从喬得聲，例可通借。《禮記·樂記》：“齊音敖辟喬志。”《史記·樂書》引喬作驕。

簡甲7：“果而弗喬（驕）。”

040　矝 矜

矝，矜之訛體字。矜，从矛、今聲。爲侵部、見紐字。然古讀與兢（蒸部、見紐）相近，《詩·小雅·小旻》：“戰戰兢兢。”《左傳·宣公十六年》引兢作矜。《說文》：“兢讀若矜。”“命”字形與“今”仿佛，其韻耕部又與蒸部相近，書手或誤書“命”而易“今”聲。

簡甲7：“果而弗矜。”

041　胃　謂

胃、謂，古音同爲物部、匣紐。謂从胃得聲，例可通借。《老子》一章：“同謂之玄。”帛書《老子》甲、乙本皆謂作胃。出土簡帛文獻胃借爲謂，其例甚多，不勝枚舉。

簡甲7：“是胃（謂）果而不強。”

042　非　微

非、微，古韻同隸微部，其聲幫、明唇音旁紐。例可通借。《禮記·檀弓下》：“雖微晉而已，天下其孰能當之。”《孔子家語·曲禮》微作非。

簡甲8：“必非（微）溺玄達。”

043　溺　妙

溺、妙，古韻分隸藥、宵二部，入、陰對轉，其聲泥、明爲鼻音鄰紐，古音相近。例雖罕見，以音理而論，亦可通借。參看王力《同源字論》。

044 志 識

志、識，古韻分隸之、識二部，陰入對轉，其聲章、書舌音旁紐。音相近，例可通借。《禮記·哀公問》："子志之心也。"鄭注："志讀爲識。"《禮記·禮運》："而有志焉。"鄭注："志謂識，古文。"《集韻·志韻》："識，或作志。"

簡甲8："深不可志（識）"

045 頌 容

頌、容，古韻同隸東部，其聲邪、喻齒舌鄰紐。頌从公得聲，金文容字从宀从公，亦从公得聲，故例可通借。《老子》十五章，故強爲之容。《文選·魏都賦》張注引容作頌。《漢書·儒林傳》："頌禮甚嚴。"顏注："頌讀曰容。"同書《惠帝紀》顏注："古者頌與容同。"

簡甲8："是以爲之頌（容）。"

046 夜 豫

夜、豫，其聲同爲喻紐，其韻雖分隸鐸、魚二部，入、陰對轉。音亦甚近，例可通借。夜、豫皆與鐸部字夕通借，《史記·高祖功臣侯者年表》："深澤，齊侯趙將夜。"《漢書·高惠高后孝文功臣表》夜作夕。又，《晏子春秋·內篇·問下》："秋省實而助不給者謂之豫。"《管子·戒》作"秋出補人之不足者謂之夕。"可爲夜、豫通借之佐證。

簡甲8："夜（豫）虐（乎）奴（若）冬涉川。"

047　猷　猶

猷，與猶字同。《玉篇・犬部》：“猷，與猶同。”《說文・犬部》段注：“今字分猷謀字犬在右，語助字犬在左，經典絕無此例。”

簡甲8、9：“猷（猶）虖（乎）其奴（若）愄（畏）四噩（鄰）。”

048　奴　若

奴、若，其聲泥、日爲鼻音鄰紐，且爲準雙聲，其韻分隸魚、鐸二部，陰入對轉。古音甚近，故得通借。女、奴古音同，奴爲女之孳乳字，《史記・曹相國世家》：“若歸，試私從容問而父。”《漢書・曹參傳》若作女。《老子十三章》：“若可寄天下。”帛書《老子》甲、乙本若作女。可爲奴、若相通之佐證。

049　愄　畏

愄、畏，古音同爲微部、影紐。愄从畏得聲，例可通借。《集韻・灰韻》：“愄，中善。”在簡文中借爲畏懼之畏。

050　噩　鄰

噩，殆爲鄰字之異體。馬王堆帛書《老子》乙本：“噩國相望，雞犬之聲相聞。”今本第八十章噩作鄰。帛書本與簡本同。

051 敢 嚴

敢、嚴，古韻同隸談部，其聲見、疑牙音旁紐。嚴从敢得聲，例可通借。

簡甲9："敢（嚴）（乎）其奴（若）客。"

052 觀 渙

觀，傳世字書未見此字，待考，此字从見，聲，當爲从袁得聲孳乳字，古音爲元部、匣紐。渙、觀同隸元部，其聲曉、匣牙音旁紐，音甚近，例可通借。袁通爰，《左傳·成公二年經》："及國佐盟于袁婁。"《穀梁傳》袁婁作爰婁。奐亦通爰，《左傳·襄公二十七年》："陳孔奐。"《公羊傳》孔奐作孔瑗。可爲袁聲、奐聲古通之證。

簡甲9："觀（渙）（乎）其奴（若）懌（釋）。"

053 懌 釋

懌、釋，古韻同隸鐸部，其聲喻、書舌音旁紐。音甚近，例可通借。《書·顧命》："王不懌。"《釋文》："懌，馬本作釋。"《詩·邶風·靜女》："說懌女美。"鄭箋："說懌當作說釋。"

054 屯 敦

屯、敦，古韻同隸文部，其聲定、端舌音旁紐。音甚近，例可通借。今本屯作敦。河上公注："敦者，質厚；樸者，形未分。"

簡甲9："屯（乎）其奴（若）樸。"

055 坉 沌

坉、沌，古音同爲文部、定紐。二字諧聲相同，例可通借。《廣韻·混韻》：“坉同沌。”重言爲沌沌，《廣雅·釋訓》：“轉也。”王念孫疏證：“凡狀水之轉亦曰渾渾沌沌。”今本作“混兮其若濁。”混同渾。帛書本作“湷呵其若濁。”湷、沌同隸文部，其聲昌、定準旁紐，音甚近。

簡甲9：“坉唇（乎）其奴（若）濁。”

056 竺 孰

竺、孰，古韻同隸覺部，其聲端、禪準旁紐。音甚近，例可通借。孰、熟同音，《戰國策·趙策一》：“而熟圖之也。”帛書《戰國縱橫家書》熟作竺，是竺、孰通借之佐證。

簡甲9、10：“竺（孰）能濁以朿（靜）者。”

057 朿 靜

朿、靜，其聲爲清、從齒音旁紐，其韻分隸錫、耕二部，入、陽對轉，例可通借。簡文“竺（孰）能濁以朿，牆（將）舍（徐）清。”帛書本作“濁而靜之，徐清。”朿作靜。

058 牆 將

牆、將，古音同爲陽部、精紐。牆，乃䐶字省形。《說文》：“䐶，从肉、从酉。酒以和牆也。爿聲。”段注：“今俗作醬。”又，《說文》：“將，从寸，牆省聲。”知將字从牆（牆）得聲，例可通借。

簡甲10：“牆（將）舍（徐）清。”

059　舍　徐

舍、徐，古韻同隸魚部，其聲書、邪舌齒鄰紐。古文字中舍、徐二字字原同爲余，音亦甚近，例可通借。又，舒、舍古音同，《楚辭·懷沙》：“舒憂娛哀。”《史記·屈原賈生列傳》引舒作舍。舒、徐多通借，《戰國策·齊策一》：“楚威王戰勝於徐州。”高注：“徐州或作舒州。”可爲舍、徐古通之旁證。

060　迬　注

迬、注，古音同爲侯部、章紐。二字諧聲相同，例可通借。《周禮·天官·獸人》賈疏：“注，猶聚也。”簡文“竺（孰）能庀〈安〉以迬（注）者，牆（將）舍（徐）生”，“安以迬”猶言安以聚，謂安定匯聚而添丁殖財也，亦即《國語·晉語四》所稱“俾守天聚”，韋注：“聚，財眾也。”

簡甲10：“竺（孰）能庀〈安〉以迬者。”

061　竘　尙

竘、尙，古音同爲陽部、禪紐。二字諧聲相同，例可通借。

簡甲10：“保此衍（道）者不谷（欲）竘（尙）呈（盈）。”

062　呈　盈

呈、盈，古韻同隸耕部，其聲定、喻舌音準旁紐。古音近，例可通借。《史記·田敬仲完世家》："晉之大夫欒逞作亂於晉。"《索隱》："逞，音盈。《史記》盈多作逞字。"出土簡帛文獻多見以桯、浧、呈借爲盈、贏。

063　遊　失

簡文"亡執古（故）亡遊。"整理本注曰："它本均作'失'。"此字楚文字中屢見，皆讀爲'失'，字形結構待考。

簡甲11："亡執古（故）亡遊（失）。"

064　誓　慎

誓、慎，其聲同爲禪紐，古韻分隸月、真，旁對轉。音近通借。裘錫圭先生曰：所謂"誓"字當與後文"新"爲一字，是否可釋爲"誓"待考。參見136"新、塵"。

簡甲11："誓（慎）冬（終）女（如）忖（始）。"

065　冬　終

冬、終，古韻同隸冬部，其聲端、章準雙聲。終从冬得聲，例可通借。《易·訟》："中吉，終凶。"帛書《周易》終作冬。《老子》六十四章："慎終如始。"帛書《老子》乙本終作冬。

066　女　如

女、如，古韻同隸魚部，其聲泥、日雙聲。例可通借。

067　⿰忄司　始

⿰忄司、始，古韻同隸之部，其聲心、書齒舌鄰紐。音近通借。裘錫圭先生曰：“⿰忄司”之聲旁亦可隸定爲“⿰厶司”。下文从此聲旁之字同。

068　𡥈　教

𡥈、教，古音同爲宵部、見紐。教字本作教。《部文》：“教，上所施下所效也。从攴、从𡥈。”教从𡥈得聲，例可通借。整理本注云：“《說文》古文教有□□，《汗簡》有□，均从𡥈或从𡥈省。據此知簡文當釋作‘教’，簡文‘行不言之教’之‘教’字亦作此形。簡文另有‘學’字作□。‘教’‘學’兩字音形俱近，故易混用。簡文‘𡥈不𡥈’此句今本及帛書本皆作‘學不學’。”

簡甲12：“𡥈（教）不𡥈（教）。”

069　⿱化止　過

⿱化止、過，古韻同隸歌部，其聲曉、見牙音旁紐。音近通借。參看032“化　禍”。

簡甲12：“復眾之所⿱化止（過）。”

070　尃　輔

尃、輔，古韻同隸魚部，其聲幫、並唇音旁紐。二字諧聲相同，例可通借。

簡甲12：“是古（故）聖人能尃（輔）萬勿（物）之自肰（然）。”

071　勿　物

勿、物，古音同爲物部、明紐。物从勿得聲，例可通借。《老子》四十二章：“故物或益之而損，或損之而益。”帛書《老子》甲本物作勿。《莊子·天道》：“中心物愷。”《釋文》：“物本亦作勿。”

072　肰　然

肰、然，古音同爲元部、日紐。《說文》：“肰，犬肉也。从犬、肉。讀者然。”《玉篇》：“肰，然字从此。”然字从肰得聲，古籍或以肰通作然。

073　憍　化

憍、化，古韻同隸歌部，其聲匣、曉牙音旁紐。音近通借。《書·梓材》：“厥亂爲民。”《論衡·效力》引作“厥率化民。”《老子》三十七章：“萬物將自化。”帛書《老子》甲本化作憠。是爲聲、化聲通之證。

簡甲13：“而萬勿（物）牆（將）自憍（化）。”

074 雒 欲

雒、欲，古音同爲屋部、喻紐。雒同鵒。鵒、欲，諧聲相同，例可通借。

075 复 作

复、作，古音同爲鐸部、從紐。古音相同，例可通借。傳世字書未見“复”字，其本義待考。

076 貞 鎮

貞，古音耕部、端紐。鎮，真部、章紐。簡文“貞之以亡名之數”，帛書本貞作闐、今本貞作鎮，整理本據以讀貞爲鎮。案：傳世古文獻中貞、真通借極爲罕見。從整理本說，姑以貞、真二字其聲端、章舌音準雙聲，其韻耕、真二部雖不同類，但主要元音〔e〕相同，似爲王力先生所稱“通轉”。一說，貞不必破讀。《書·太甲下》：“萬國以貞。”孔傳：“貞，正也。”《易·繫辭下》：“貞勝者也。”注：“貞，正也，一也。”

簡甲13：“牆（將）貞（鎮）之以亡名之數（樸）。”

077 數 樸

數、樸，古音同爲屋部、並紐。二字諧聲相同，例可通借。參看020“僕 樸”。

078　惕　易

惕、易，古韻同隸錫部，其聲透、喻準旁紐。惕从易得聲，例可通借。《易·夬》："惕號。"《音訓》："惕，晁氏曰：'案古文作易。'"

簡甲14："大少（小）之多，惕（易）必多難（難）。"

079　難　難

難、難，古音同爲元部、泥紐。難从難得聲，例可通借。

080　敚　美

敚、美，其聲同爲明紐，其韻微、脂旁轉，音近通借。《說文》："敚，妙也。从人，从攴、豈省聲。"

簡甲15："天下皆智（知）敚（美）之爲敚（美）也。"

081　媺　美

媺，同媺。《玉篇·羊部》："美，甘也，善美。或作媺。"《汗簡》引《尚書》，美字亦作媺。《周禮·春官·天府》："以貞來歲之媺惡。"《初學記·歲時部》引媺作美。

082　亞　惡

亞、惡，其聲同爲影紐，其韻分隸魚、鐸，陰入對轉。惡從亞得聲，例可通借。《史記·韓信盧綰列傳》：“封爲亞谷侯。”《集解》引徐廣曰：“亞一作惡也。”《老子》二章：“天下皆知美之爲美，斯惡已。”帛書《老子》乙本惡作亞，與簡文同。

簡甲15：“亞（惡）已。”

083　戁　難

戁、難，古音同爲元部、泥紐。戁从難得聲，例可通借。參看078“戁　難”。

簡甲16：“戁（難）惕（易）之相成也。”

084　耑　短

耑、短，古音同爲元部、端紐。耑、端，古今字。《漢書·藝文志》：“言感物造耑。”顏注：“耑，古端字也。”《玉篇·耑部》：“耑，《說文》云：‘物初生之題也。’今爲端。”《老子》九章：“揣而梲之。”帛書《老子》乙本揣作拖，是耑、短古可通借之佐證。

簡甲16：“長耑（短）之相型（形）也。”

085　型　形

型、形，古音同爲耕部、匣紐。二字皆爲井聲之孳乳字，故得通借。先秦刑字多借爲形。《老子》二章：“長短相形。”帛書《老子》乙本形作刑，簡文則以型借爲形。

086　浧　盈

浧、盈，古韻同隸耕部，其聲定、喻舌音準旁紐。古音近，例可通借。參看062“呈　盈”。

簡甲16：“高下之相浧（盈）也。”

087　聖　聲

聖、聲，古音同爲耕部、書紐。同音通借。《史記·六國年表》：“衛聲公。”《索隱》引《世本》作“聖公”。《老子》二章：“是以聖人處無爲之事。”帛書《老子》甲本聖作聲。帛書《德聖》454行：“聖者，聲也。”其音訓亦爲旁證。

簡甲16：“音聖（聲）之相和也。”

088　墮　隨

墮、隨，古韻同隸歌部，其聲定、邪舌齒鄰紐。二字皆由𡍮聲衍出，例可通借。《戰國策·魏策三》：“隨安陵氏而欲亡之。”帛書《戰國縱横家書》隨作墮。

簡甲16：“先後之相墮（隨）也。”

089　復　作

復、作，古音同爲鐸部、從紐。二字諧聲相同，例可通借。參看073“复　作”。

簡甲17：“萬勿（物）復（作）而弗忖也。”

090 志 恃

志、恃，古韻同隸之部，其聲章、禪舌音旁紐。二字皆由之聲衍出，例可通借。

簡甲17：“爲而弗志（恃）也。”

091 唯 雖

唯、雖，古韻同隸微部，其聲喻、心舌齒鄰紐。《說文》：“雖，从虫，唯聲。”雖由唯得聲，例可通借。《荀子·性惡》：“然則唯禹不知仁義法正。”楊注：“唯讀爲雖。”《老子》三十一章：“雖小，天下莫能臣。”帛書《老子》甲、乙本雖作唯。

簡甲18：“僕（樸）唯（雖）妻（稺）。”

092 妻 稺

妻、稺，其聲清、定齒舌鄰紐，其韻分隸脂、質二部，陰入對轉。音近通借。稺同稺。（見《爾雅·釋獸》釋文：“犀俗作犀。”）《詩·衛風·碩人》：“齒如瓠犀。”《爾雅·釋草》作“瓠棲”。又《漢書·揚雄傳》：“靈犀遲兮。”《文選·甘泉賦》作“靈棲遲兮。”此妻聲、犀（犀）聲通借之證。《方言》卷二：“稺，小也。”帛書本、今本作“樸唯（雖）小”，其義相合。

093 陀 地

陀、地，古韻同隸歌部，其聲透、定舌音旁紐。陀从它得聲，地从也得聲，考之古文字，它、也本爲一字，故陀或作阤（見《廣雅・釋丘》王念孫疏證），沱或作池（見《墨子・兼愛中》畢沅校注），蛇或作虵（見武威醫簡85乙）。故陸亦得借爲地。說詳裘錫圭先生《文字學概要》，萬卷樓版，第097頁。

簡甲18：“天陸（地）弗敢臣。”

094　獸　守

獸、守，古音同爲幽部、書紐。音同通借。《戰國策・魏策三》：“若禽獸耳。”帛書《戰國縱橫家書》獸作守。

簡甲18、19：“侯王女（如）能獸（守）之。”

095　賓　賓

賓，乃賓字省形。賓，从貝、㝉聲。簡文此字省“丏”，爲異構。

簡甲19：“萬勿（物）牆（將）自賓（賓）。”

096　逾　輸

逾、輸，古韻同隸侯部，其聲喻、書舌音旁紐。音近通借。《廣雅・釋言》：“輸，寫也。”《玉篇》：“輸，瀉也。”

簡甲19：“天陸（地）相合也，以逾甘零（露）。”

097 零 露

零、露，古音同爲鐸部、來紐。同音通借。《說文》：“零，雨零也。”段注：“此下雨本字，今則‘落’行而‘零’廢矣。”簡文借爲露。《說文》：“露，潤澤也。”《汗簡》下之一載古文“露”亦作‘零’。

098 安 焉

安、焉，古韻同隸元部，其聲影、匣鄰紐。（案：‘焉’用作疑問代詞，讀爲影紐。）音近通借。《禮記·三年問》：“故先王焉爲之立中制節。”《荀子·禮論》焉作安。

簡甲19：“民莫之命（令）天〈而〉自均安。

099 訂 始

訂、始，古韻同隸之部，其聲心、書齒舌鄰紐。音近通借。參見067“訂　始”。

簡甲19：“訂（始）折（制）又（有）名。”

100 折 制

折、制，古音同爲月部、章紐。同音通借。《書·呂刑》：“制以刑。”《墨子·尚同中》引制作折。《論語·顏淵》：“片言可以折獄者。”《釋文》：“魯讀折爲制。”

101　訂　殆

訂、殆，古韻同隸之部，其聲心、定齒舌鄰紐。音近通借。參見067、099條。

簡甲20：“智（知）止所以不訂（殆）。”

102　卑　譬

卑、譬，其聲幫、滂唇音旁紐，其韻分隸支、錫二部，陰、入對轉。音近通借。《老子》三十二章：“譬道之在天下，猶川谷之與江海。”帛書《老子》甲乙譬作俾，乙本譬作卑。

簡甲20：“卑（譬）道之才（在）天下也。”

103　少　小

少、小，古音同隸宵部，其聲書、心舌齒鄰紐。音近通借。《左傳・定公十四年》：“從我而朝少君。”《釋文》：“少君本亦作小君。”《易・需・九二》：“需於沙，小有言，終吉。”帛書《周易》小作少。

簡甲20：“猷（猶）少（小）浴（谷）之與江海（海）。”

104　湑　道

湑、道，古韻同隸幽部，其聲書、定舌音準旁紐。音近通借。湑，傳世字書未見。此字从廾，`百聲。百，與首同。《說文・首部》："首，百同，古文百也。"百，《廣韻》書九切，《集韻》始九切。道字从辵、从首會意，首亦聲也。二字皆从首聲，故得通借。

簡甲21："又（有）脂蟲〈蚰〉成。"

105 蚰 混

蚰、混，古韻同隸文部，其聲見、匣牙音旁紐。音近通借。《說文》："蚰，蟲之總名也。从二虫。讀若昆。"《漢書・成帝紀》："則草木昆蟲，咸得其所。"昆借爲蚰。

106 敓 說

敓、說，古韻同隸月部，其聲定、喻舌音準旁紐。二字皆从兌得聲，例得通借。奪字古作敓，又通作挩。悅字，古經典通作說。簡文讀爲說，《楚辭・天問》："而黎伏土說。"王注："說，喜也。"

簡甲21："先天陛（地）生，敓繆！"

107 繆 穆

繆、穆，古音同爲覺部、明紐。繆，从穆得聲，例可通借。《楚辭・九歌・東皇太一》"穆將愉兮上皇。"王注："穆，敬也。"《詩・大雅・烝民》："穆如清風。"鄭箋："穆，和也。"《詩・大雅・清廟》："於穆清廟。"毛傳："穆，美也。"案："說（悅）穆"應爲一詞。《文子・精誠》："悅穆胸中，廓然無形，寂然無聲。"

108 蜀 獨

蜀、獨，古韻同隸屋部，其聲禪、定舌音準旁紐。獨从蜀得聲，例可通借。《爾雅·釋山》："獨者，蜀。"《方言》十二："蜀猶獨耳。"音訓可爲旁證。

簡甲21："蜀（獨）立不亥（改）。"

109 亥 改

亥、改，古韻同隸之部，其聲匣、見牙音旁紐。音近通借。《老子》二十五章："獨立而不改。"帛書《老子》乙本改作玹，與簡文相近。

110 㞢 字

㞢，傳世字書未見。此字似从才得聲。故㞢、字古音同爲之部、從紐，例得通借。

簡甲21："未智（知）其名，㞢（字）之曰道。"

111 虐 吾

虐，傳世字書未見。此字似从壬、虎省聲。虐、吾，古韻同隸魚部，其聲曉、疑牙音旁紐。音近通借。

簡甲21、22："虐（吾）㢻（強）爲之名曰大。"

112 勥 強

強、勥，古音同爲陽部、群紐。勥从強得聲，例可通借。《說文》：“勥，迫也。从力，強聲。勥，古文从彊。”

113 潸 逝

潸，不識，待考。帛書本對應爲“筮”，今本爲“逝”。

簡甲22：“大曰潸，潸曰遖。”

114 遖 邅

遖、邅，古韻同隸元部，其聲章、端爲舌音準雙聲。音甚近，故得通借。《離騷》：“邅吾道夫崑崙兮。”王逸注：“邅，轉也。楚人名轉曰邅。”案邅、轉古音相同。姜亮夫《楚辭通故》曰：“蓋邅乃南北諸子通用之字，而以邅爲轉旋義，則唯楚人用之也。”整理本以“遖”乃“遠”字之訛，似未妥。

簡甲22：“遖曰反（返）。”

115 反 返

反、返，古音同爲元部、幫紐。同音通借。《書·西伯戡黎》：“祖伊反。”《說文·辵部》引反作返。《左傳·宣公二年》：“反不討賊。”《孔子家語·正論》反作返。

116 凥 居

凥、居，古音同爲魚部、見紐。《說文》："居，處也。从尸，得几而止。"《玉篇》："凥與居同。"《孝經》第一章："仲尼居。"《說文》引居作凥。《楚辭·天問》："崑崙縣圃，其凥安在？"洪興祖《補注》："凥，與居同。"《考異》："凥一作居。"

簡甲22："王凥（居）一安（焉）。"

117 㓯 間

整理本注："間"，簡文寫作㓯。曾姬無卹壺銘文"間"字作閒，簡文則省去'門'，仍讀作'間'。相同的字形也見於包山楚簡。

簡甲23："天陸（地）之㓯（間）。"

118 囩 槖

囩、槖，古音同爲鐸部、透紐。同音通借。囩，从□、乇聲。簡文"其猷囩籊與？"囩讀爲槖，籊字乃籥字之訛，疑爲鈔寫者筆誤。

簡甲23："其猷（猶）囩（槖）籊〈籥〉與？"

119 達 動

達、動，古音同爲東部、定紐。動，从力、重聲。古文字表明，童、重皆从東得聲，（毛公鼎。侯馬盟書。），例可通借。《易·旅》："得童僕

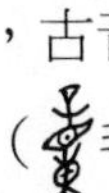

貞。”帛書《周易》童作重。

簡甲23：“虛而不屈，違（動）而愈出。”

120 笞 篤

笞、篤，古音同爲覺部、端紐。同音通借。《說文》：“笞，厚也。从亯，竹聲。讀若篤。”段注：“笞與二部竺音義皆同，今字篤行而笞、竺廢矣。

簡甲24：“獸（守）中，笞（篤）也。”

121 方 旁

方、旁，古韻同隸陽部，其聲幫、並唇音旁紐。旁从方得聲，例可通借。《儀禮·士喪禮》：“牢中旁寸。”鄭注：“今文旁爲方。”《書·益稷》：“方施象刑惟明。”《白虎通·聖人》引方作旁。

簡甲24：“萬勿（物）方（旁）复（作）。”

122 堇 根

堇、根，古音同爲文部、見紐。同音通借。

簡甲24：“天道員員，各復其堇（根）。”

123 枈 持

枈、持，古音同爲之部、定紐。枈，从木、之聲。持，乃之聲孳乳字，故得通借。帛書本《老子》作"其安也，易持也。"今本作"其安易持。"一說，簡文"枈"，殆爲"𣏟"（从止、从木）之訛，"之"與"止"古音相同，字形甚近，古多通用（參看裴學海《古書虛字集釋》卷九）。《說文·□部》："𣏟，古文困。"𣏟（困）借爲群，古音同隸文部，其聲溪、群旁紐，音近通借。《淮南子·天文訓》："歲名曰困敦。"高注："困讀群。"《論語·衛靈公》朱熹集注："和以處眾曰群。"《荀子·非十二子》楊注："群，會合也。"簡文"其安也，易𣏟（群）也"，正與下文"其毳（脆）也，易畔（判）也"相對襯。

簡甲25："其安也，易持枈也。"

124 菲 兆

菲、兆，古音同爲宵部、定部。菲字从兆得聲，例可通借。

簡甲25："其未菲（兆）也，易悔（謀）也。"

125 悔 謀

悔、謀，古音同爲之部、明紐。同音通借。《集韻》："侮，古作悔。"《說文》："謀，古文作昬、譬。"又，《說文》："楳讀若侮。"是母聲、每聲皆通某聲，可爲二字通借之佐證。

126 毳 脆

毳、脆，古音同爲清部、月紐。同音通借。毳，乃楚簡文字“靐”之省形，此字从雨，毳聲。《說文》：“毳，獸細毛也。”字通脆，脆弱、細脆。《荀子·議兵》：“是事小敵脆，則偷可用也。”楊注：“毳，讀爲脆。”此靐、脆通借之佐證。

簡甲25：“其毳（脆）也，易畔（判）也。”

127 畔 判

畔、判，古韻同隸元部，其聲並、滂唇音旁紐。二字皆从半得聲，例可通借。

128 淺 散

淺、散，古韻同隸元部，其聲從、心齒音旁紐。音近通借。《說文》：“淺，迹也”。段注：“淺同踐。”

簡甲25：“其幾也，易淺（散）也。”

129 絧 治

絧、治，古韻同隸之部，其聲心、定齒舌鄰紐。音近通借。《廣雅·釋詁四》：“絧，補也。”《後漢書·班固傳》：“有于德不台淵穆之讓。”李賢注：“前書曰：‘舜讓于德不台。’《音義》曰：‘台讀曰嗣。’是司聲、台聲相通之證。參看067“忋 始”、099“訌 始”，㇆即㇆（司）之省形。

簡甲26：“絧（治）之於其未亂。”

130　成　層

成、層，其聲禪、從舌齒鄰紐，其韻耕、蒸旁轉。音近通借。今本《老子》六十四章："九層之臺起於累土。"傅奕本作成，《呂氏春秋·音初》引同。簡文作"九成之臺"。

簡甲26："九成之臺甲□□□□□□□□□□。"

131　甲　狎

甲、狎，古韻同隸葉部，其聲見、匣牙音旁紐。狎从甲得聲，例可通借。朱駿聲曰："狎叚借爲疊。《左襄二十七傳》：'晉楚狎主諸侯之盟也久矣。'《昭二十一傳》：'不狎鄙。'注：'更也。'"更：更代、更迭，依次更替而重疊累積。《蒼頡篇》："疊，重也，積也。"案：古代鎧甲如魚鱗重疊，故从甲之字有重疊之義。參看《文選·張衡〈西京賦〉》："披紅葩之狎獵。"薛綜注："重接貌。"《文選·潘岳〈笙賦〉》："鉀鰈參差。"李善注："裝飾重疊貌。"

132　閔　閉

閔：乃閉字異體。《說文》："閉，闔門也。从門；才，所以歫門也。"張舜徽《約注》："十象鍵閉之形，即今俗所稱木鎖也。"而"閔"字則以"戈"歫門，會闔閉之意。猶"启"字異體或作"戺"。一說，閔乃閟字之訛。

簡甲27："閔其逸（兌）。"

133 敓 兌

敓、兌，古音同爲月部、定紐。敓从兌得聲，例可通借。

134 賽 塞

賽、塞，古音同爲職部、心紐。《說文》：“賽，从貝。塞省聲。”例得通。《後漢書·曹節傳》：“詔令大官給塞具。”李注：“塞，報祠也。字當爲賽，通用。”

簡甲27：“賽（塞）其門。”

135 迵 同

迵、同，古音皆爲東部、定紐。迵从同得聲，例得通借。

簡甲27：“和其光，迵（同）其訢（塵）。”

136 訢 塵

訢、塵，其聲禪、定舌音準旁紐，其韻月、真旁對轉。音近通借。整理本甲組第11號簡“訢”字釋爲誓，借爲慎。“迵其訢”簡文注〔六四〕又曰：“訢，簡文多用作‘慎’，此處則借作‘塵’，‘慎’‘塵’音近。”參見064“誓　慎”。

137　剳　斵

剳、斵，其聲透、端舌音旁紐，其韻覺、屋旁轉。音近通借。《說文》："斵，斫也。"《穀梁傳·莊公二十四年》："斵之礱之。"《釋文》："斵，削也。礱，磨也。"簡文"剳其䝯"，意爲打消、削弱其進取之心。參看138"䝯爾"。

簡甲27："剳其䝯，解其紛。"

138　䝯　爾

䝯、爾，古音同爲支部、日紐。䝯，即貾字之繁構，从貝，爾聲。二"貝"乃義符之疊加繁化。"尔"同"爾"。簡文中䝯讀爲爾（邇），其義爲進。《詩·大雅·行葦》："莫遠具爾。"鄭箋："爾，謂進之也。"（《經籍纂詁》列"邇"字條下，見卷三十四，上聲四紙。）今本作"挫其銳"，河上公注："銳，進也。"與簡文䝯（爾）之義頗近。

139　新　親

新、親，古韻同隸真部，其聲心、清齒音旁紐。二字諧聲，例得通借。《逸周書·官人》："誠忠必有可新之色。"《大戴禮記·文王官人》新作親。

簡甲28："古（故）不可得天〈而〉新（親）。"

140　疋　疏

疋、疏，古音同爲魚部、心紐。《說文》："疏，从㐬，从疋，疋亦聲。"

例得通借。又，《說文》："疋，疋記也。"段注："後代改疋爲疏耳。疋、疏，古今字。"

簡甲28："亦不可得而疋（疏）。"

141 戔 賤

戔、賤，古韻同隸元部，其聲精、從齒音旁紐。賤字从戔得聲，例得通借。

簡甲29："亦不可得而戔（賤）。"

142 之 治

之、治，古韻同隸之部，其聲章、定舌音準旁紐。音近通借。

簡甲29："以正之（治）國。"

143 㤅 奇

㤅、奇，古音同爲歌部、群紐。㤅，从戈、奇聲。與奇例可通借。

簡甲29："以㤅（奇）甬（用）兵。"

144 甬 用

甬、用，古音同爲東部、喻紐。甬從用得聲，例可通借。

145 可 何

可、何，古韻同隸歌部，其聲溪、匣牙音旁紐。何从可得聲，例得通借。《楚辭·離騷》："豈余心之可懲。"《考異》："《文選》可作何。"

簡甲30："虐（吾）可（何）以智（知）其肰（然）也。"

146 期 忌

期、忌，古音同爲之部、群紐。同音通借。《戰國策·齊策一》："田忌。"《竹書紀年》作"田期。"

簡甲30："夫天多期（忌）韋（諱）。"

147 韋 諱

韋、諱，古韻同隸微部，其聲匣、曉牙音旁紐。諱从韋得聲，例可通借。

148 爾 彌

爾、彌，古韻同隸支部，其聲日、明鼻音鄰紐。彌从爾得聲，例可通借。

簡甲30："而民爾（彌）畔（叛）。"

149 畔 叛

畔、叛，古音同爲元部、並紐。畔、叛諧聲相同，例可通借。《孟子·公孫丑下》："親戚畔之。"《音義》："畔，張云與叛同。"

150 慈 滋

慈、滋，古韻同隸之部，其聲從、精齒音旁紐。二字皆从兹得聲，例可通借。《國語・齊語》："遂滋民與無財。"《管子・小匡》滋作慈。

簡甲30："民多利器，而邦慈（滋）昏。"

151 记 起

记、起，古音同爲之部、溪紐。《說文》："起，能立也。从走，已聲。古文记，从辵。"

簡甲30、31："人多智天〈而〉敧（奇）勿（物）慈（滋）记（起）。"

152 章 彰

章、彰，古音同爲陽部、章紐。彰从章得聲，例可通借。《書・皐陶謨》："彰厥有常。"《史記・夏本紀》作"章其有常。"

簡甲31："法勿（物）慈（滋）章（彰）。"

153 福 富

福、富，古音同爲職部、幫紐。福从富得聲，例可通借。

簡甲31："我無事而民自福（富）。"

154　蠹　化

蠹、化，古韻同隸歌部，其聲匣、曉牙音旁紐。音近通借。參看073“愢 化”。

簡甲32：“我亡爲而民自蠹（化）。”

155　青　靜

青、靜，古韻同隸耕部，其聲清、從齒音旁紐。音近通借。《楚辭・九辯》：“泬寥兮天高而氣清。”《補注》：“淸古本作瀞。”青、淸古多通用，瀞字从水，靜聲，可爲青、靜通借之旁證。參看乙組15號簡“淸淸（靜）爲天下定（正）。”

簡甲32：“我好青（靜）而民自正。”

156　酓　含

酓、含，古韻同隸侵部，其聲影、匣爲喉牙鄰紐。音近通借。（酓，《集韻》又音呼含切，則二字同音。）《說文繫傳》：“酓，酒味苦也。从酉、今聲。臣鍇曰：歓字從此。”

簡甲33：“酓（含）悳（德）之厚者。”

157　悳　德

悳、德，古音同爲職部、端紐。《說文》：“外得於人，內得於己也。从直、从心。”《玉篇》：“悳，今通用德。”《廣韻》：“德，德行。悳，古文。”

158 䖝 蝹

䖝，从二虫、从甶。《說文》："甶，鬼頭也。象形。"但簡文似爲鬼省聲。故整理本讀爲蝹。案：蝹，同虺。又，裘錫圭先生認爲簡文此字當釋爲蜎。

簡甲33："䖝（蝹）蠆蟲它（蛇）弗蠚（螫）。"

159 它 蛇

它、蛇，古韻同隸歌部，其聲透、船舌音準旁紐。它，乃蛇之本字。後假借爲其它之它，故另加虫旁而作"蛇"。《說文》："它，虫也。从虫而長，象冤曲垂尾形。上古艸居患它，故相問無它乎。蛇，它或从虫。"《玉篇》："它，蛇也。"

160 蠚 螫

蠚，乃螫字省形。字亦作蛬。《說文》："蛬，螫也。从虫，若省聲。"古音皆爲匣紐、鐸部。邵瑛《群經正字》："今經典作螫。"《廣韻》："螫，蟲行毒。"《漢書·田儋傳》顏注引應劭曰："螫，螫也。"今蜀方言猶用此字。

161 猷 猛

猷，傳世字書未見。此字从犬、㔻聲，古音乃丙聲之孳乳字，爲幫紐、陽部。猷、猛，古韻同隸陽部，其聲幫、明唇音旁紐。音近通借。

簡甲33："攫鳥猷（猛）獸弗扣。"

162　溺　弱

溺、弱，古韻同隸藥部，其聲泥、日舌音準雙聲。溺从弱得聲，例得通借。

簡甲33、34：“骨溺（弱）董（筋）秫（柔）而捉固。”

163　董　筋

董、筋，古音同爲文部、見紐。古音相同，例得通借。

164　秫　柔

秫，从矛、求聲，古音幽部、群紐。求聲、九聲古多通作。《集韻·尤韻》：“絿或从九，作紈。”“仇，或作訅，通作逑。”仇，又通厹。《戰國策·西周策》：“昔智伯欲伐厹由。”高誘注：“厹由狄國，或作仇由也。”《說文》：“厹，篆文作蹂。”故知求聲、九聲又有鼻音日紐一讀，與柔聲同音，爲幽部、日紐。簡文秫字，得借爲柔。

165　戊　牡

戊、牡，古音同爲幽部、明紐。古音相同，例得通借。

166　然　勢

然、勢，其聲日、書舌音旁紐，其韻元、月陰入對轉。案从埶得聲之字，古多讀爲疑紐或泥紐、日紐，與然聲甚近。簡文“未知（知）牝戊（牡）之合然惹（怒）”，然借爲勢。《尙書・呂刑》：“宮辟疑赦。”孔傳：“男子割勢，婦人幽閉。”孔穎達疏：“男子之陰名爲勢。”

簡甲34：“未智（知）牝戉（牡）之合然惹（怒）。”

167 惹 怒

惹、怒，古音同爲魚部、泥紐。同音通借。《集韻・莫韻》：“怒，《說文》：‘恚也。’古作忞。”惹，从艸、忞（怒）聲，例得通借。

168 憂 憂

惪，同憂。《說文》：“惪，愁也。从心、从頁”。《繫傳》：“惪心形於顏面，故從頁。”《正字通》：“惪，憂本字。”

簡甲34：“終日啓（呼）而不憂（憂）。”

169 棠 常

簡文“和曰禀”，整理本據今本、帛書本認爲“禀”字錯訛，當爲棠，借爲常。棠、常，古音同爲陽部禪紐。二字皆从尙得聲，例可通借。

一說，“禀”字不誤，借爲同。說詳《柬釋》。

簡甲34：“和曰禀，智（知）和曰明。”

170　賹　益

賹、益，古音同爲錫部、影紐。同音通借。一說，賹同鎰。《孟子·萬章下》注：“二十兩爲鎰。”（或謂二十四兩。）《史記·平準書》云：“黃金以鎰名。”

簡甲35：“賹（益）生曰羕。”

171　羕　祥

羕、祥，古韻同隸陽部，其聲喻、邪舌齒鄰紐。二字皆从羊得聲，例得通借。《詩·周南·漢廣》：“江之永矣。”《說文·永部》引永作羕。又《書·盤庚中》：“丕乃崇降弗祥。”《漢石經》祥作永。可爲二字通借之旁證。

172　叓　使

叓，簡文作。郭店楚墓竹簡中數見，據郭忠恕《汗簡》，即“使”字古文。

簡甲35：“心叓（使）燹（氣）曰彊（強）。”

173　燹　氣

燹，古氣字。《玉篇》：“炁，古氣字。”古道書言鍊氣、元氣，多以炁字爲之。《關尹子·六匕》：“以神存炁，以炁存形。”簡文燹从火，既聲。爲炁字之繁構。既、旡古音物部、見紐，气古音物部、溪紐，音甚近。

174 壓 壯

壓、壯，古音同爲陽部、精紐。二字皆由爿聲孳乳，例得通借。《說文》："臧，善也。从臣，戕聲。`壓，籀文。"

簡甲35："勿（物）壓（壯）則老。"

175 筥 孰

筥、孰，古音同爲覺部、禪紐。古音相同，例可通借。參看120"筥 篤"。

簡甲35："名與身筥（孰）新（親）？"

176 貴 得

貴、得，古韻分隸之、職二部，陰入對轉，其聲章、端舌音準雙聲。音近通借。案：清代學者秦寶瓚《遺篋錄．圜法錢類》說賹字云："上古通用之貨皆貝，故賞、賜、贈、貨、賄、財、賦等字無不从貝。此爲記數之字，固宜从貝也。"此簡文中貴、賔、賀、贅諸字，疑即秦氏所謂記數之字，亦即管理和統計貨財的專業字匯。

簡甲36："貴（得）與賔（亡）筥（孰）疠（病）？"

177 賔 亡

賔、亡，古音同爲陽部、明紐。諧聲相同，例可通借。

178　疠　病

疠、病，古音同爲陽部、並紐。同音通借。二字義符皆从疒，聲符分別爲方、丙，而古音同爲幫紐陽部。疑疠爲病字異體。

179　悉　愛

悉，古愛字。《說文》：“悉，惠也。从心、旡聲。𢟪，古文。”《玉篇》：“悉，今作愛。”

簡甲36：“甚悉（愛）必大賹（費）。”

180　賹　費

賹、費，古同隸物部，其聲並、滂唇旁紐。音近通用。弼聲、弗聲，古多相假。《說文》：“弼，古文作𢐀。”《史記・管蔡世家》：“十人爲輔拂。”《正義》：“拂本作弼。”《漢書・東方朔傳》：“上以拂主之邪。”顏注：“拂與弼同。”

181　厚　厚

厚、厚，古韻同隸侯部，其聲見。匣牙音旁紐。音近通借。後通厚，《戰國策，東周策》：“收周最以爲後行。”《史記・孟嘗君列傳》後作厚。後亦通句，《老子》三十八章：“故失道而後德，失德而後仁。”帛書《老子》乙本後作句。是厚古與厚通之旁證。

簡甲36：“厚（厚）𨟻（藏）必多𡧍（亡）。”

182 　　臧 藏

臧、藏，古音同爲陽部、精紐。藏从臧得聲，例得通借。《禮記．表記》："《詩》云：'中心藏之。'"《釋文》："藏，鄭解《詩》作臧。"

183 　　怠 殆

怠、殆，古音同爲之部、定紐。二字皆从台聲，例得通借。《詩．商頌．玄鳥》："受命不殆。"鄭箋："不解殆。"《正義》："受命不怠。"

簡甲36："智（知）止不怠（殆）。"

184 　　舊 久

舊、久，古韻同隸之部，其聲群、見牙音旁紐。音近通借。《書．無逸》："其在高宗時，舊勞於外。"《史記．魯周公世家》作"久勞於外。"

簡甲36、37："可以長舊。"

185 　　僮 動

僮、動，古音同爲東部、定紐。同音通借。《老子》五十章："人之生，動之死地亦十有三。"帛書《老子》乙本動作僮。參見119"達 動"。

簡甲37："返也者，道僮（動）也。"

186　枈　殖

枈、殖，其聲章、禪舌音旁紐，其韻之、職陰、入對轉。音近通借。《老子》九章："持而盈之。"陳景元《道德經藏室纂微》引嚴君平本持作殖。帛書《老子》甲、乙本持作植。

簡甲37："枈（殖）而浧（盈）之。"

187　湍　摶

湍、摶，古韻同隸元部，其聲透、定舌音旁紐。音近通借。《史記·屈原賈生列傳》："何足控摶。"《索隱》："控摶本作控揣。"是耑聲、專聲古通之證。《說文》："摶，圜也。"段注："以手圜之者，此篆之本義。"引申義爲聚集。

簡甲38："湍（摶）而群之。"

188　福　富

福、富，古音同爲職部，幫紐。二字皆从畐得聲，例得通借。《易·謙·彖傳》："鬼神害盈而福謙。"《釋文》："福，京本作富。"漢《劉脩碑》："鬼神富謙。"亦福作富。

簡甲38、39："貴福（富）喬（驕），自遺咎也。"

189 攻 功

攻、功，古音同爲東部、見紐。二字皆从工得聲，例可通借。《戰國策·楚策一》："攻大者易危。"《史記·張儀列傳》攻作功。《荀子·議兵》："械用兵革攻完便利者強。"楊注："攻當爲功。"

簡甲39："攻（功）述（遂）身退，天之道也。"

190 述 遂

述、遂，古韻同隸物部，其聲船、邪舌齒鄰紐。音近通借。《史記·魯周公世家》："東門遂殺適立庶。"《索隱》："遂，《系本》並作述。"《老子》九章："功遂身退。"帛書《老子》甲本遂作述。

191 紿 治

紿、治，古音同爲之部、定紐。二字皆从台得聲，例可通借。參見129"絧治"。142"之 治"。

簡乙1："紿（治）人事天，莫若嗇。"

192 棗 早

棗、早，古音同爲幽部、精紐。整理本注云："棗是棗之異體，从日棗聲。"棗、早同音，例得通借。

簡乙1："是以早備。"

193　備　服

備、服，古音同爲職部、並紐。同音通借。《韓詩外傳》八：“於是黃帝乃服黃衣。”《說苑・辯物》服作備。《後漢書・皇甫嵩傳》：“義真犕未乎？”李注：“犕，古服字。”案：《說文》：“犕，从牛、葥聲。”

194　亙　恆

亙、恆，古韻同隸蒸部，其聲見、匣牙音旁紐。恆从亙得聲，例可通借。《說文》：“恆，竟也。从木、恆聲。亙，古文恆。”《繫傳》：“竟者，竟極之也。”是“亙”本有極、終極之義。簡文不誤。

簡乙2：“則莫智（知）其亙（恆）。”

195　郕　國

郕，从邑、或聲。當爲國字異體。《呂氏春秋・明理》：“有狼入于國。”注：“國，都也。”《孟子・萬章下》：“在國曰市井之臣。”注：“國，謂都邑也。”故國字亦可从邑。《楚辭・大招隱》：“田邑千畛。”注：“邑，都邑也。”《說文》：“邑，國也。”是二字異構同義之佐證。

簡乙2：“可以又（有）郕。”

196 員 損

員、損，古音同爲文部、匣紐。損从員得聲，例可通借。又員、云古音同，《詩·商頌·玄鳥》："景員維何。"鄭箋："員，古文作云。"《老子》四十八章："爲道日損，損之又損。"帛書《老子》乙本損作云。

簡乙3："爲道者日員（損）。"

197 𢇍 絕

𢇍，與㡭同。參見001"㡭 絕"。

簡乙4："㡭（絕）學亡憂（憂）。"

198 可 呵

可、呵，古韻同隸歌部，其聲溪、曉牙音旁紐。呵从可得聲，例得通借。

簡乙4："唯與可（呵），相去幾可（何）？"

199 岀 美

岀，古敚字之省形。參見080"敚 美"，081"敚 美"。

簡乙4："岀（美）與亞（惡），相去可（何）若？"

200　褪　畏

褪、畏，古音同爲微部、影紐。褪从畏得聲，例可通借。參見049“愄　畏”。

簡乙5：“人之所褪（畏），亦不可以不褪（畏）。”

201　態　寵

態、寵，古韻同隸東部，其聲來、透舌音旁紐。二字皆从龍聲，例可通借。《老子》十三章：“寵辱若驚。”帛書《老子》甲本寵作龍。《易・剝》：“寵，無不利。”帛書《周易》寵作龍。

簡乙5：“人態（寵）辱若纓（攖）。”

202　纓　攖

纓、攖，古韻同爲耕部、影紐。二字皆从嬰聲，故得通借。《淮南子・繆稱訓》：“勿撓勿攖。”注：“攖，纓。”《廣雅・釋詁三》：“攖，亂也。”《淮南子・俶真訓》：“攖人心也。”注：“攖，迫也。”簡文“人態（寵）辱若纓（攖）”，較帛書本、今本作“寵辱若驚”義勝。

203　级　及

级、及，古音同爲緝部、群紐。级从及得聲，例可通借。

簡乙7：“级（及）虐（吾）亡身。”

204 厇 託

厇、託，古韻同隸鐸部，其聲定、透舌音旁紐。二字皆从乇聲，例可通借。《正字通》："厇，與宅通。《舉要》、《孝經》宅作厇。"《儀禮・士相見禮》："宅者在邦則曰市井之臣。"鄭注："今文宅或為託。"《論語・泰伯》："可以託六尺之孤。"《玉篇》引託作侂。

簡乙8："若可以厇（託）天下矣。"

205 迲 弆

迲、弆，古音同為魚部、溪紐。二字皆从去聲，例可通借。迲讀為弆，掌物；執掌。《左傳・昭公十九年》："紡焉以度而去之。"孔穎達《正義》："《字書》：'去作弆，羌莒反，謂掌物也。'今關西仍呼為弆，東人輕言為去，音莒。"《禮記・曲禮下》疏引《周禮》干注："凡言掌者，主其事也。"

簡乙8："若可以迲天下矣。"

206 昏 聞

昏同昬，《說文》："昬，一作民聲。"昬、聞，古音同為文部、明紐。同音通借。《說文》："聞，古文作䎽。"案：簡文昏本為䎽之借字。

簡乙9："上士昏（聞）道，堇（勤）能行其中。"

207 堇 勤

堇、勤，古音同爲文部、群紐。勤从堇得聲，例可通借。《老子》四十一章：“上士聞道而勤行之。”帛書《老子》乙本勤入堇。一說，堇借爲僅。

208 芺 笑

芺，長沙子彈庫楚帛書、銀雀山漢簡《孫子兵法》逸文有此字，饒宗頤、曾憲通先生釋爲“笑”字。一說，殆爲古“疑”字。《玉篇·屾部》：“芺，古文疑字。”

簡乙9：“下士昏（聞）道，大芺（笑）之。”

209 孛 瞢

孛、瞢，古韻同隸物部，其聲並、滂唇音旁紐。音近通借。帛書《老子》乙本：“明道若費。”帛書整理小組曰：“費疑當作瞢。”《說文》：“瞢，目不明也。”一說，孛借爲哱。《集韻》：“哱，暗也。”

簡乙10：“明道女（如）孛（瞢）。”

210 遲 夷

遲、夷，古韻同隸脂部，其聲定、喻舌音準旁紐。音近通借。《毛詩·小雅·四牡》：“周道倭遲。”《韓詩》作倭夷。《史記·平準書》：“選舉陵遲。”《漢書·食貨志》遲作夷。

簡乙10：“遲（夷）道□□。”

211　㞷　廣

㞷、廣，古韻同隸陽部，其聲匣、見牙音旁紐。音近通借。《說文·之部》：“㞷，艸木妄生也。从之，在土上。讀若皇。”案：㞷即“往”之初文，甲骨文作，卜辭“戊子卜何貞王其田，㞷（往）來借災”（《前》四·一四·三）。

簡乙11：“㞷（廣）悳女（如）不足。”

212　愉　渝

愉、渝，古音同爲侯部、喻紐。二字皆从俞聲，例可通借。

簡乙11：“□貞女（如）愉。”

213　禺　隅

禺、隅，古音同爲侯部、疑紐。隅从禺得，例可通借。《老子》四十一章：“大方無隅。”帛書《老子》乙本隅作禺。

簡乙12：“大方亡禺（隅）。”

214　曼　趨

曼、趨，古音同爲元部、明紐。趨从曼得聲，例可通借。《說文》：“趨，行遲也。”段注：“今人通用慢字。”

簡乙12：“大器曼成。”

215　祗　希

祗、希，古韻同隸脂部，其聲章，端舌音準雙聲。音近通借。（案："希"字古有兩讀。一爲習見者，香衣切，古韻微部、曉母。今採《類篇》所載，"希"又音展几切，與"祗"者甚近。）裘錫圭先生曰："（《老子》乙組十二號簡）'聲'上一字疑是作兩'甾'相抵形的'祗'字古文的訛形（參見《金文編》一0頁'祗'字條所收者沪鐘及中山王器之'祗'字）。今本此字作'希'，'祗''希'音近。"

簡乙12："大音祗聖（聲）。"

216　坓　形

坓、形，古音同爲耕部、匣紐。坓、形皆从井得聲，例可通借。《正字通》："坓，古文型（型）。見《六書統》。"《說文》以形爲幵聲，未妥。桂馥《義證》云："當爲井聲。"案：幵爲元部。形古通作刑，古音耕部。桂說是也。

簡乙12："天象亡坓（形）。"

217　閟　閉

閟、閉，古音同爲質部、幫紐。同音通借。《左傳·莊公三十二年》："見孟任從之閟。"《詩·魯頌·閟宮》《正》引閟作閉。《史記·韓信盧綰列傳》："綰愈恐，閉匿。"《漢書·盧綰傳》閉作閟。案：《說文》："閟，閉門也。从門，必聲。"閉，會意字。二字同源。

簡乙13："閟其門。"

218　 孟　瞀

孟、瞀，古音同爲幽部、明紐。孟乃嵍之省形。二字諧聲相同，例可通借。

簡乙13：“終身不孟。”

219　 賽

賽、寋，古音同爲職部、心紐。二字皆从塞得聲，例可通借。《書・皐陶謨》：“剛而塞。”《說文》引塞作寋。《說文》：“寋，實也。”

簡乙13：“賽其事。”

220　 逨　勑

逨、勑，古音同爲之部、來母。二字諧聲同，故得通借。勑，又同敕，二字雙聲，其韻之、職對轉，音近通用。《廣雅・釋詁一》：“勑，順也。”王念孫疏證：“卷二云：‘敕，理也。’理亦順也。勑與敕通。”《廣雅・釋詁三》：“理，治也。”簡文“終身不逨（勑）”猶言終身不順、不治。帛書乙本作“不棘”，棘借爲諫，二字古音同。《說文》：“諫，飾也。”《淮南子・本經訓》：“飾曲岸之際。”注：“飾，治也。”今本作“不救”，《呂氏春秋・勸學》注：“救，治也。”皆與簡文之義相近。

簡乙13：“終身不逨。”

221　夬　缺

夬、缺，古音同爲月部、溪紐。缺从夬得聲，例可通借。《老子》五十八章：“其民缺缺。”帛書《老子》甲本缺缺作夬夬。

簡乙13、14：“大成若夬。”

222　幣　敝

幣、敝，古音同爲月部、並紐。幣从敝得聲，例可通借。《戰國策·韓策一》：“多其車，重其幣。”帛書《戰國縱橫家書》幣作敝。

簡乙14：“其用不幣（敝）。”

223　中　盅

中、盅，古韻同爲冬部，其聲端、定舌音旁紐。盅从中得聲，例可通借。《老子》四章：“道沖而用之。”傅奕本沖作盅。《說文》：“盅，器虛也。从皿、中聲。《老子》曰：道盅而用之。”《老子》四十五章：“大盈若沖。”帛書《老子》甲本沖作盅。盅與盅同。

簡乙14：“大浧（盈）若中（盅），其甬（用）不穿。”

224　穿　窮

整理本注云：穿，“竆”字省形，讀作“窮”。《古文四聲韻》引《道經》“窮”字从“宀”、从“躳”。案：《說文》：“竆，從穴、躳聲。”又云：“躳，身也。从身、从吕。躬，躳或从弓。”帛書甲本窮作郬，借爲窘。《楚辭·天問》：“阻窮西征。”王注：“窮，窘也。”在困迫之義上，二字意同。

225 他 拙

他、拙，古音同爲物部、端紐。二字皆从出得聲，例可通借。

簡乙14：“大攷（巧）若他（拙）。”

226 植 直

植、直，古韻同隸職部，其聲禪、章舌音旁紐。二字皆从直得聲，例可通借。《禮記・檀弓下》：“行并植於晉國。”《國語・晉語八》作“行廉直於晉國。”

簡乙14、15：“大植（直）若屈。”

227 喿 燥

喿、燥，古音同爲宵部、心紐。燥从喿得聲，例可通借。

簡乙15：“喿（燥）勳（勝）蒼（滄）。”

228 勳 勝

勳、勝，古韻同隸蒸部，其聲船、書舌音旁紐。音近通借。《史記・宋微子世家》：“宋伐魯，戰於乘丘。”《集解》：“徐廣曰：乘一作滕。”案：勝、滕皆從朕（朕）得聲。此爲乘、勝古可通借之旁證。

229　蒼　滄

蒼、滄，古音同爲陽部、清紐。二字皆从倉得聲，例得通借。《逸周書·周祝》："天地之間有滄熱。"注："滄，寒也。"

230　青　清

青、清，古音同爲耕部、清紐。清从青得聲，例得通借。《史記·黥布列傳》："破之清波。"《正義》："清作青。"《陳涉世家》亦作青。

簡乙15："青（清）勅（勝）然（熱）。"

231　然　熱

然、熱，其聲同爲日紐，其韻分隸元、月二部，陽、入對轉。古音甚近，故得通借。

232　定　正

定、正，古韻同隸耕部，其聲定、章舌音準旁紐。音近通借。《老子》三十七章："無欲以靜，天下將自定。"帛書《老子》甲、乙本作正。

簡乙15："清清（靜）爲天下定（正）。"

233 保 保

整理本注云：休，疑是“保”字簡寫。今本此字作“抱”，“保”、“抱”音義相近。案：保、抱古韻同隸幽部，其聲幫、並唇音旁紐，音甚近。《淮南子·主術訓》：“則獨身不能保也。”注：“保，猶守也。”《老子》三十二章：“是以聖人抱一爲天下式。”河上公注：“抱，守也。”

簡乙15、26：“善休者不兑（脫）。”

234 兑 脫

兑、脫，古韻同隸月部，其聲定、透舌音旁紐。脫从兑得聲，例可通借。

235 乇 㪿

乇、㪿，古韻同隸鐸部，其聲透、清舌齒鄰紐。音近通借。簡文“子孫以其祭祀不乇”，整理本以爲屯字省形，今從裘錫圭先生釋爲乇。疑乇讀爲㪿，《廣雅·釋詁一》：“絕、㪿，斷也。”帛書本不乇作不絕，今本作不輟，河上公注：“輟，絕也。”

簡乙16：“子孫以其祭祀不乇。”

236 攸 修

攸、修，古韻同隸幽部，其聲喻、心舌齒鄰紐。修从攸聲，例可通借。《史記·秦始皇本紀》：“德惠脩長。”《索隱》：“王劭按張徽所錄會稽南山《秦始皇碑文》脩作攸。”修、脩古多通用，可爲攸、修通借旁證。

簡乙16：“攸（修）之身，其悳乃貞。”

237　豙　家

楚金文、簡文，“家”字多寫作“豙”，（包二·二一八）。

簡乙16：“攸（修）之豙（家），其悳又（有）舍（餘）。”

238　舍　餘

舍、餘，古韻同隸魚部，其聲書、喻舌音旁紐。音近通借。餘通荼，《山海經·南山經》：“有草焉，……其名曰祝餘。”郭璞注：“祝餘或作杜荼。”荼通舍，《左傳·哀公六年經》：“齊陳乞弒其君荼。”《公羊傳》荼作舍。此爲舍、餘古可通借之佐證。參見059“舍　徐”。

239　向　鄉

向、鄉，古音同爲陽部、曉紐。同音通借。《莊子·應帝王》：“鄉吾示之以地文。”《釋文》：“鄉亦作向，同。”

簡乙16、17：“攸（修）之向（鄉），其悳乃長。”

240　奉　豐

奉、豐，古韻同爲東部，其聲並、滂唇音旁紐。音近通借。《說文》：“奉，从手、从廾，丰聲。”丰字聲系與“豐”通借之字數見。《小爾雅·廣言》：

“丰，豐也。”《老子》五十四章：“其德乃豐。”帛書《老子》乙本豐作夆。《史記·五帝本紀》：“陳鋒氏。”《正義》：“鋒又作豐，《帝王世紀》云陳豐氏。”是奉、豐通借之佐證。（從嚴可均、周祖謨說，豐字歸東部。）

簡乙17：“其德乃奉（豐）。”

241　即　次

即、次，古音同爲精紐雙聲，其韻分隸質、脂二部，入陰對轉，音近通借。《書·康誥》：“義刑義殺，勿庸以次。”（今本《尚書》文字略有不同，作“勿庸以次汝封”。）《荀子·致士》引次作即。同書《宥坐》、《孔子家語·始誅》並引次作即。

簡丙1：“其即（次）新（親）譽之。”

242　柔　侮

整理本曰：柔，簡文字形从“矛”从“人”。《古文四聲韻》引《古孝經》“侮”字即从“矛”从“人”，與簡文同。案：柔，疑爲會意字，矛亦聲。《書·泰誓上》：“罔懲其侮。”《墨子·非命中》引《泰誓》曰：“毋僇其務。”《詩·小雅·常棣》：“外禦其務。”《左傳·僖公二十四年》引務作侮。務字屬矛字聲系，此矛聲、每聲古音相近之證。

簡丙1：“其即（次）柔（侮）之。”

243　眚　姓

眚、生，古音同爲耕部、心紐。二字皆从生得聲，同音通借。《老子》四十九章："以百姓心爲心。"帛書《老子》乙本姓作省。《易・無妄》："其匪正有眚。"帛書《周易》眚作省。是姓、省、眚三字互通，可爲佐證。

簡丙2："而百眚（姓）曰我自肰（然）也。"

244　癹　廢

癹、廢，古音同爲月部、幫紐。廢，从广、發聲，發，从弓、癹聲，皆屬癹字聲系，故得通借。《墨子・非命上》："廢以爲刑政。"《非命中》廢作發。《易・蒙・初六》："發蒙，利用刑人，用說桎梏。"帛書《周易》發作廢，可爲旁證。

簡丙2、3："古（故）大道癹（廢）。"

245　㤅　仁

整理本曰：㤅，从"心"、"身"聲，即《說文》"仁"字古文。《說文》以爲"古文仁，从千、心"，从"千"乃从"身"之誤。案：楚簡帛文字"千"書作（帛甲四・三一），"身"書作（包二・二一三）、（包二・二二七）、（望一・卜），字形甚近似而易訛。故許書有誤。又，裘錫圭先生認爲"千""身""人"古音皆相近，不必以"千"爲"身"之誤。

簡丙3："安有㤅（仁）義。"

246　　孶　慈

孶、慈，古音同爲之部、從紐。孶，从子、兹（茲）聲。（甲、金文皆以兹爲茲。）與慈字諧聲相同，故得通借。參看150“慈　滋”。

簡丙3：“六新（親）不和，安有孝孶（慈）。”

247　　緍　昏

緍、昏，古音同爲文部、曉紐。緍字从昏得聲，故得通借。

簡丙3：“邦豙（家）緍〔亂〕，〔安〕又（有）正臣。”

248　　坪　平

坪、平，古音同爲耕部、並紐。坪字从平得聲，故得通借。

簡丙4：“往而不害，安坪（平）大。”

249　　大　泰

大、泰，古韻同隸月部，其聲定、透旁紐，音近通借。經籍大、太、泰通用，其例甚多，不勝枚舉。《易・大有》：“大車以載。”帛書《周易》大作泰，該本全書大皆以泰爲之。《老子》二十九章：“聖人去甚、去奢、去泰。”帛書《老子》甲、乙本泰作大。

250　⿱化心　過

⿱化心、過，古韻同隸歌部，其聲曉、見牙音旁紐。音近通借。參看069“⿱化止　過”。

簡丙4：“樂與餌，過客止。”

251　聖　聽

聖、聽，古韻同隸耕部，其聲書、透舌音準旁紐。音近通借。《書·無逸》：“此厥不聽。”《漢石經》聽作聖。《禮記·樂記》：“小人聽過。”《釋文》：“聽本或作聖。”

簡丙5：“聖（聽）之不足⿱昏耳（聞）。”

252　⿱昏耳　聞

⿱昏耳，同“䎽”。《說文》：“聞，知聲也。从耳，門聲。䎽，古文从昏。”段注：“昏聲。”甲骨文作、金文作，李孝定《甲骨文字集釋》：“契文象人跽而以手附耳諦聽之形，而特著其耳。”中山王鼎此字字形同古文。又，《集韻·淸韻》：“⿱昏耳，無形而響。書盈切。”

253　銛　錟

銛、錟，古音同爲談部、定紐。同音通假。《戰國策·燕策二》：“銛戈在後。"《史記·蘇秦列傳》銛作錟。《淮南子·脩務訓》："服劍者期於恬利。"蘇頌《校淮南子題序》引許慎本恬作錟，亦爲旁證。

簡丙7："銛纏爲上，弗媺（美）也。"

254 纏 鏦

纏（纚字之繁構）、鏦，古韻同隸東部，其聲來、清舌齒鄰紐。音近通借。聯綿字"龍嵷"、"憁忽"也表明龍、從古音甚近，曾有雙聲疊韻的關係。又，《老子》十三章："寵辱若驚。"而帛書《老子》甲本寵作龍，是知从龍聲之字有透紐一讀，鏦爲清紐，二字正爲舌齒準雙聲。案：《說文》云："錟，長矛也。""鏦，矛也。"《廣韻·鍾韻》："鏦，短矛。"簡文"銛（錟）纏（鏦）"，義爲長矛短矛。亦可看作同義複詞：矛也。參看《淮南子·兵略訓》："修鎩短鏦，齊爲前引。"

255 卞 偏

卞、偏，其聲並、滂唇音旁紐，其韻分隸元、真二部，古多旁轉合用。音近通借。《書·堯典》："黎民於變時雍。"《漢書·地理志》引變作卞。《荀子·禮論》："四時則已徧矣。"《禮記·三年問》徧作變。可爲卞通偏之旁證。參看004"鞭 辯"。

簡丙8："是以卞（偏）牆（將）軍居左。"

256 豊 禮

豊、禮，古音同爲脂部、來紐。同音通借。《說文》："豊，行禮之器也。从豆，象形。凡豊之屬皆从豊。讀與禮同。"

簡丙9："言以喪豊（禮）居之也。"

257 依 哀

依、哀，古音同爲微部、影紐。同音通借。《老子》三十一章："以哀悲泣之。"帛書《老子》甲本哀作依。六十九章："哀者勝矣。"帛書乙本哀作依。《改併四聲篇海·心部》引《龍龕手鑑》："依，哀也。"

簡丙10："則以依（哀）悲位（莅）之。"

258 位 莅

位、莅，古韻同隸物部，其聲前者匣紐，後者來紐，古代有以〔Ｉ〕爲第一成份的一些複輔音，如〔ＫＩ〕之類，故得通轉。（說詳周祖謨先生：《漢代竹書和帛書中的通假字與古音考訂》）《周禮·春官·肆師》："用牲于社宗則爲位。"鄭玄注："故書位爲涖。"《禮記·曲禮上》："涖官行法。"《釋文》："涖本亦作莅。"

259 喜 矣

喜、矣，古韻同隸之部，其聲曉、匣喉音旁紐。音近通借。《楚辭·招魂》："懸人以娭。"《考異》："娭一作嬉。"《文選》所載娭作嬉。《左傳·襄公三十年》："曰譆譆出出。"《說文·言部》引譆譆作誒誒。是喜聲與矣聲古通之證。

簡丙12："則無敗事喜（矣）。"

260 戲 且

戲、且，古音同爲魚部、精紐。戲，从又虘聲。虘从且得聲，故得通借。《文選·琴賦》李善注："《說文》曰：'嫭，嬌也，或作姐。'古字通假借也。"可爲佐證。

簡丙12："亙（恆）於其戲（且）成也敗之。"

261 沾 過

沾、過，古韻同隸歌部，其聲曉、見牙音旁紐。音近通借。參見069"化　過"、250"怂　過"。

簡丙13："復眾之所沾。"

262　桶　輔

桶、輔，古韻同隸魚部，其聲滂，並唇音旁紐。二字諧聲相同，例可通借。桶，木叢聚也。見《篇海類編・木部》："桶，木欑也。"包山楚簡二・一七五"鄘邑人登桶"，用作人名。

簡丙13、14："是以能桶（輔）墎（萬）勿（物）之自肰（然）。"

263　墎　萬

墎、萬，古音同爲部、明紐。墎字从萬得聲，例得通假。

部首檢字

（一）部首目錄

〔說明〕檢字表按傳統的214部歸字，凡某部未見簡文所用通假字，則該部省略不錄。部首右邊的號碼指檢字表的頁碼。

一　畫

丨部 208左

丿部 208左

二　畫

二部 208左

亠部 208左

人部 208中

儿部 208中

冫部 208右

刀部 208右

力部 208右

勹部 208右

匕部 208右

十部 209左

卜部 209左

卩部 209左

厂部 209左

厶部 295左

又部 209左

三　畫

口部 209中

囗部 209中

土部 209中

夂部 209右

夕部 209右

大部 209右

女部 210左

子部 210左

宀部 210左

寸部 210左

小部 210中

尸部 210中

屮部 210中

山部 210中

工部 210中

巾部 210中

幺部 210中

廾部 210右

彳部 210右

四　畫

心部 210右

戈部 211左

手部 211左

支部 211左

斤部 211中

方部 211中

日部 211中

曰部 211中

月部 211中

木部　211中
止部　211右
水部　211右
火部　211右
爻部　211右
爿部　211右
犬部　212左

五　畫

甘部　212左
用部　212左
田部　212左
疋部　212左
疒部　212左
癶部　212中
目部　212中
矛部　212中
示部　212中
禸部　212中
立部　212右

六　畫

竹部　212右
糸部　212右
羊部　212右
而部　212右
耳部　213左
肉部　213左
自部　213左
臼部　213左
艸部　213左
虍部　213左
虫部　213中
行部　213中

七　畫

見部　213中
言部　213中
谷部　213中
豆部　213右
豕部　213右
貝部　213右
走部　213右
邑部　214左
酉部　214左

八　畫

金部　214中
門部　214中
阜部　214中
隹部　214中
雨部　214中
青部　214右
非部　214右

九　畫

革部　214右
韋部　214右
頁部　214右

（二）檢字表

〔說明〕表中每個字右邊的號碼即該字在《滙解》中的編號。如同一個字分別假借為兩個不同的字，則有兩個編號加以區別。

(1) 丨部

中 223

丿部

之 142
乇 235

(2) 二部

亙 033
亙 194
亞 082

亠部

亡 009
亥 109

人部

伓 005
休 233
攸 236
位 258
⿰亻出 225
⿱矛人 242
舍 059
⿰亻复 089
備 193
僉 031
僕 020
僮 185

儿部

兊 234

冫部

冬 065

刀部

割 137

力部

⿰乘力 228
⿰弓男 112

勹部

勿 070
肰 072

匕部

化 032

十部
卑 102

卜部
卞 255

卩部
即 241

厂部
厇 204
厠 181

厶部
厶 021

又部
又 010
反 115
叜 75
叟 015
叟 172
叡 260

斅 077

(3) 口部
古 027
可 145
可 198
向 239
呈 062
命 016
舍 238
咢 050
員 196
唇 017
唇 029
唯 091
喬 039
喜 259
喿 227

□部
囝 118

土部
坉 055
坐 211
坓 216
坪 248
型 085
堇 122
堇 207
墔 263
墮 088
壂 079
壄 174

夂部
复 013

夕部
夗 117
夜 046

大部
大 249
夬 221
奉 240

女部

女 066

奴 048

妻 092

敚 081

子部

子 014

孚 068

孛 209

學 246

宀部

它 159

安 098

宔 036

定 232

宜 095

寡 224

寸部

尃 070

小部

少 103

尸部

尻 116

屮部

屯 054

山部

岸 199

[illegible] 218

工部

差 035

巾部

幣 222

幺部

𢇍 001

𢇍 197

斈 110

廾部

弃 003

彳部

後 128

(4) 心部

忊 067

志 044

志 090

忎 179

㤿 250

悔 125

怠 183

㤝 257

悬 245

惕 078

悳 157

惻 008

憍 011

憍 073

悍 049

慈 150

悳　168
慮　012
懌　053
態　201
戁　083

戈部
戊　165
成　130
戔　149
戠　143

手部
才　024
折　100

攴部
攷　006
攻　189
敳　80
敓　106
敢　051

斤部
新　139
訢　136

方部
方　121

日部
昏　206
杲　192

曰部
曼　214
智　002

月部
期　148

木部
束　057
枼　123
枼　186
⿰木甫　262

植　226

止部
⿱化止　069

火部
然　166
然　231
燹　173

爻部
爾　148

爿部
⿰爿酉　058
⿰爿目　104

水部
海　022
浴　023
涅　086
湍　187
溺　043

溺 162
灊 113

犬部
猒 161
猷 047
獸 094

(5) 甘部
甚 030

用部
甬 144

田部
甲 131
畔 127
畔 149

疋部
疋 140

疒部
疠 178

癶部
登 038
登 244

目部
眚 243

矛部
矜 040
矤 164

示部
祇 215
祟 169
福 188
禔 200
福 153

禸部
禹 213

立部
章 152
竘 061

(6) 竹部
竺 056
管 120
管 175

糸部
索 019
絧 129
紿 191
緍 247
繆 107
纓 202
縛 254

羊部
羕 171

而部
耑 084

耳部

聖 087

聖 251

聊 252

肉部

胄 041

自部

臯 028

臼部

舊 184

艸部

芺 208

苑 124

蕊 167

董 163

蒼 229

虍部

虛 111

虫部

蚰 105

蜀 108

蝱 160

蝨 158

蠡 154

行部

衍 034

(7) 見部

覞 007

覲 052

言部

訏 099

訂 101

詁 025

誓 064

谷部

谷 037

豆部

豆 018

豊 256

豕部

豙 237

貝部

貞 076

賓 177

貴 176

賽 134

賽 219

賹 170

貿 138

賈 180

贏 182

辵部

迄 151

返 203

逃 261

迬 060

述 190

迲 205

迵 135

⿺辶兑 133

⿺辶叀 114

逨 220

逾 096

遊 063

⿺辶童 119

遲 210

邑部

⿰或阝 195

酉部

酓 156

(8) 金部

銛 253

門部

閔 132

閟 217

阜部

⿰阝呈 093

隹部

維 074

雨部

⿱雨各 097

⿱雨毛 126

青部

青 155

青 230

靜 026

非部

非 042

(9) 革部

鞭 004

韋部

韋 147

頁部

頌 045

本書所用考訂書目

馬王堆漢墓帛書《老子》甲本、乙本（《馬王堆漢墓帛書（壹）》6開線裝本／文物出版社1975年）
馬王堆漢墓帛書《老子》（大32開簡體字橫排本／文物出版社1976年）
老子道德經河上公章句（四部叢刊影宋本）
老子指歸（嚴君平・王德有校點輯佚／中華書局1994年）
老子道德經（王　弼注・華亭張氏原本／上海古籍出版社1989年）
唐景龍二年易州龍興觀道德經碑
唐景福二年易州興觀道德經碑
老子道德經考異附補遺（羅振玉／永豐鄉人雜著續編之一）
老子殘卷六種（羅振玉／貞松堂藏西陲秘籍叢殘・羅氏影印本）
燉煌本老子道德經義疏（羅振玉／鳴沙石室古籍叢殘第四冊）
道德經古本篇（傅奕／正統道藏本）
道德真經注（吳澄／重刊道藏輯要・心集）
老子億（王道／北京崇華堂印本）
老子解（傅山／台北藝文印書館　1965年）
老子章句（姚鼐／惜抱軒全集）
老子平議（俞樾／春在堂全書・諸子平議）
讀老札記（易順鼎／老子集成續編　1965年）
老子斠補（劉師培／劉申叔先生遺書）
老子古義（楊樹達／上海中華書局　1928年）
老子集解（奚　侗／老子集成續編　1965年）
老子校詁（蔣錫昌／成都古籍書店影本　1988年）
老子校釋（朱謙之／中華書局　1984年）
老子章句新編（嚴靈峰／經子叢書第 2 冊・國立編譯館中華叢書　1983年）
老子眾說糾謬（嚴靈峰／無求備齋初版　1956年）
老子達解（嚴靈峰／經子叢書第 1 冊・國立編譯館中華叢書　1983年）
老子注譯及評解（陳鼓應／中華書局　1984年）

墨子閒詁（孫詒讓／諸子集成／世界書局）
管子校正（戴　望／萬有文庫本商務印書館）
晏子春秋集釋（吳則虞／中華書局　1982年）
馬王堆帛書《德行》校釋（魏啓鵬／巴蜀書社　1991年）
黃帝四經今註今譯（陳鼓應／台北商務印書館　1995年）
莊子集釋（郭慶藩／中華書局　1982年）
商君書錐指（蔣禮鴻／中華書局　1986年）
韓非子集釋（陳奇猷／上海人民出版社　1974年）
呂氏春秋校釋（陳奇猷／學林出版社　1984年）
文子要詮（李定生・徐慧君／復旦大學出版社　1988年）
尹文子（諸子集成／世界書局）
列子集釋（楊伯峻／中華書局　1985年）
鶡冠子注（陸佃／正統道藏本）
賈誼集（上海人民出版社　1976年）
淮南鴻烈集解（劉文典／中華書局　1989年）
春秋繁露義證（蘇　輿／中華書局　1992年）
列女傳（劉　向／四部叢刊本）
說苑校證（向宗魯／中華書局　1987年）
論衡校釋（黃　暉／中華書局　1990年）
風俗通義校注（王利器／中華書局　1981年）
白虎通疏證（陳　立／中華書局　1994年）
春秋元命苞（黃　奭／黃氏逸書考　朱氏補刊本）
孔子家語注（王　肅／四部叢刊本）
顏氏家訓集解（王利器／上海古籍出版社　1980年）
黃帝內經素問注（王　冰／人民衛生出版社　1963年）

十三經注疏（中華書局影印本　1980年）
唐開成石壁十二經（張氏皕忍堂摹刊本）
唐石經校文（嚴可均／四錄堂類集）
馬王堆帛書《六十四卦》釋文（《文物》1984年第3期）
周易集解（李鼎祚／中國書店影印　1987年）

周易音訓（呂祖謙／金華叢書）
周禮正義（孫詒讓／中華書局　1987年）
大戴禮記解詁（王聘珍／中華書局　1983年）
韓詩外傳集釋（許維遹／中華書局　1980年）
逸周書集訓校釋（朱右曾／萬有文庫・商務印書館）
古本竹書記年輯證（方詩銘／上海古籍出版社　1980年）
逸周書彙校集注（黃懷信等／上海古籍出版社　1995年）
春秋左傳注（楊伯峻／中華書局　1981年）
國語韋昭注（藝文印書館影印　1974年）
戰國策校注（鮑　彪／四部叢刊本）
戰國策注（高　誘／叢書集成初編）
馬王堆帛書《戰國縱橫家書》（文物出版社　1996年）
史記（司馬遷／中華書局　1959年）
漢書（班固／中華書局　1962年）
後漢書（范　曄／中華書局　1965年）
楚辭補注（洪興祖／中華書局　1983年）
楚辭通故（姜亮夫／齊魯書社　1985年）
增補六臣注文選（蕭　統／華正書局　1981年）
群書治要（魏　徵／四部叢刊本）
藝文類聚（歐陽詢／上海古籍出版社　1982年）
初學記（徐　堅／中華書局　1985年）
白孔六帖（白居易　孔傳／四庫全書・子部）
太平御覽（李　昉／中華書局影印　1960年）

經典釋文（陸德明／上海古籍出版社　1985年）
典釋文彙校（黃　焯／中華書局　1980年）
經籍纂詁（阮　元／中華書局　1982年）
說文解字注（段玉裁／上海古籍出版社　1981年）
說文解字繫傳（徐　鍇／中華書局　1987年）
說文通訓定聲（朱駿聲／武漢古籍書店　1983年）
說文解字義證（桂　馥／齊魯書社　1987年）

說文釋例（王　筠／武漢古籍書店　1983年）
說文釋例（江　沅／小學類篇本）
說文解字約注（張舜徽／中州古籍出版社　1983年）
釋名疏證補（王先謙／上海古籍出版社　1984年）
方言箋疏（錢　繹／中華書局　1991年）
蒼頡篇輯本（任大椿／小學鉤沈本）
玉篇（顧野王／中國書店　1983年）
類篇（司馬光／中華書局　1984年）
隸釋（洪　適／中華書局　1983年）
汗簡・古文四聲韻（郭忠恕・夏竦／中華書局　1983年）
汗簡校釋（黃錫全／武漢大學出版社　1990年）
楚系簡帛文字編（滕壬生／湖北教育出版社　1995年）
長沙楚帛書文字編（曾憲通／中華書局　1993年）
文字學概要（裘錫圭先生著・許錟輝校訂／萬卷樓・1995年）
六朝別字記（趙之謙／商務印書館　1919年）
雙劍誃易經新證（于省吾／藝文印書館　1969年）
班馬字類（婁　機／四部叢刊三編）
古字通假會典（高　亨／齊魯書社　1989年）
鉅宋廣韻（陳彭年／上海古籍出版社　1983年）
集韻（丁　度／萬有文庫・商務印書館　1937年）
上古音手冊（唐作藩／江蘇人民出版社　1982年）
漢字古音手冊（郭錫良／北京大學出版社　1986年）
同源字典（王　力／商務印書館　1987年）
詩經韻讀（王　力／上海古籍出版社　1980年）
楚辭韻讀（王　力／上海古籍出版社　1980年）
漢語語法史（王　力／商務印書館　1989年）
經傳釋詞（王引之／岳麓書社　1985年）
經詞衍釋（吳昌瑩／中華書局　1956年）
詞詮（楊樹達／中華書局　1978年）
古書虛字集釋（裴學海／中華書局　1954年）
讀書雜志（王念孫／江蘇古籍出版社　1985年）

西周幣制論（朱　活／《人文雜誌》叢刊第二輯《西周史研究》　1984年）
馬王堆漢墓帛書《老子》初探（劉殿爵／《明報月刊》1952年9月號）
漢代竹書和帛書中的通假字與古音考訂（周祖謨／《古韻學研究》第1輯　中華書局　1984年）
荊門郭店楚簡所見關尹遺說（李學勤／中國文物報　1998年4月8日）
從帛書《五星占》看“先秦渾儀”的創制（徐振韜／《中國天文學史文集》　科學出版社　1978年）

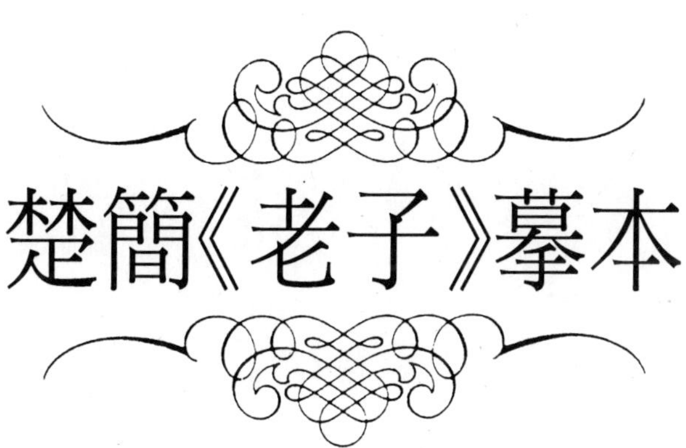
楚簡《老子》摹本

絕智棄卞，民利百伓；絕攷棄

利，覜惻亡又；絕懸棄慮，民

復季子。三言以

為貞不足，或命之或虐豆。

視索保僕，少厶須欲。江海所以

為百浴王，以其甲二

能為百浴下，是以能為百浴王。

聖人之才民前也，以身後之；

進而弗詀

進而弗詁，甲四

亓才民前也民弗害也天下樂

其在民前也，民弗害也。天下樂

言下之亓才民上也民弗厚也

言下之。其在民上也，民弗厚也；

亓才民上也

其在民上也，以 甲三

化莫大虐不智足，智足之為

僉虐谷得，甲五

之靜。皋莫厚虐甚欲，咎莫

以其不靜也，古天下　莫能與

而弗發，果而弗喬，果而弗矜。是

於天下。善者果而已，不以取強。果

不谷以兵強

甲六

足，此亙足矣。以道差人宔者，

川，猷虐其 甲八

深不可志。是以為之頌：夜虐奴冬涉

事好。長古之善為士者，必非溺玄達

胃果而不強，其 甲七

者，牆舍清。竺能庀以迬 者，牆舍

竺能濁以束 甲九

懌；屯虐其奴樸，坉 虐其奴濁。

奴畏四哭；敢虐其奴客； 覜虐其奴

遊。臨事之紀，誓冬奴門，此亡敗

之。是以聖人亡為古亡敗；亡執古亡

之，執之者遠 甲十

生。保此衍者不谷端呈。為之者敗

勿之自肰而弗　甲十二

衆之所=化止，是古聖人　能尃萬

不谷，不貴難得之貨，孝不孝，復

事　矣。聖人谷　甲十一

能為。衍亙亡為也，侯王能守之，而

萬勿猶自𢡺＝而雒复，猶貞之

以亡名之數。夫 甲十三 亦

猶智＝足，以束，萬勿猶自定。為亡

之為𢼸也，亞已；皆智善，此其不善

猷難之，古終亡難。

難。是以聖人 甲十四

為，事亡事，未亡未。大少之多，惕必多

已。又亡之相生也，甲十五

難易之相成也，長耑之相型也，

高下之相涅也，青聖之相和也，先

後之相隨也，是甲十六

弗居也是以弗去也■

弗居也，是以弗去也。

成而弗居天唯

成而弗居。天唯 甲十七

萬物作而弗始也為而弗志也

萬物作而弗始也，為而弗志也，

以聖人居亡為之事行不言之教

以聖人居亡為之事，行不言之教，

以逾甘露，民莫之名　天自均

以逾甘露，民莫之名　天自均

獸之萬勿牆自賓。天陛相合也，

獸之萬勿牆自賓。天陛相合也，

以侯王女能

臣。侯王女能　甲十八

道亙亡名，僕唯妻，天陛弗敢

道亙亡名，僕唯妻，天陛弗敢

海。

海。甲二十

卑道之才天下也猶少浴之與江

卑道之才天下也，猶少浴之與江

亦既又夫亦牆智＝止＝所以不詒

亦既又，夫亦牆智＝止＝，所以不詒。

安詒折又名＝

安。詒折又名＝甲十九

又𤖅蟲成，先天陸生，敓繆！蜀立不

亥，可以為天下母。未智其名，孳

之曰道，虘 甲二十一

強為之名曰大=曰㶏=曰遠=曰反。

勿其猶囯篧與虛而不屈違

勿，其猶囯篧與？虛而不屈，違

法地＝法天＝法道＝法自肰■天地之

法地＝法天＝法道＝法自肰。天地之

安王凥一安

安，王凥一安。人 甲二十二

天大地大道大王亦大國中又四大

天大，陸大，道大，王亦大。國中又四大

亓安也易粜也亓未兆也易悔

其安也，易粜也。其未菲也，易悔

以須復也天道員＝各復亓堇■

以須復也。天道員＝，各復其堇。甲二十四

至虛亙也獸中篤也萬勿方作居

至虛亙也；獸中，篙也。萬勿方作，居

而愈出■

而愈出。甲二十三

困九成之臺甲……　甲二十六

亡又也，絧之於其未亂。合……

俴也。為之於其　甲二十五

也。其[illegible]也，易畔也。其幾也，易

𢍏身含同古不可得而𣂺亦
是胃玄同。古不可得而新，亦
六𢇍𢽰六紛
其穎，解其紛，　　甲二十七
𢓊𨶜六幽𠰱六奈𢓊六𢇍𢇍=
說，賽其門，和其光，迵其新=，副
之亓、智之多言=之多弗智六
足下。智之者弗言=之者弗智・閔其

不可得而足；不可得而利，亦不

可得而害；甲二十八

不可得而貴，亦不可得而

戔。古為天下貴。以正之邦，以

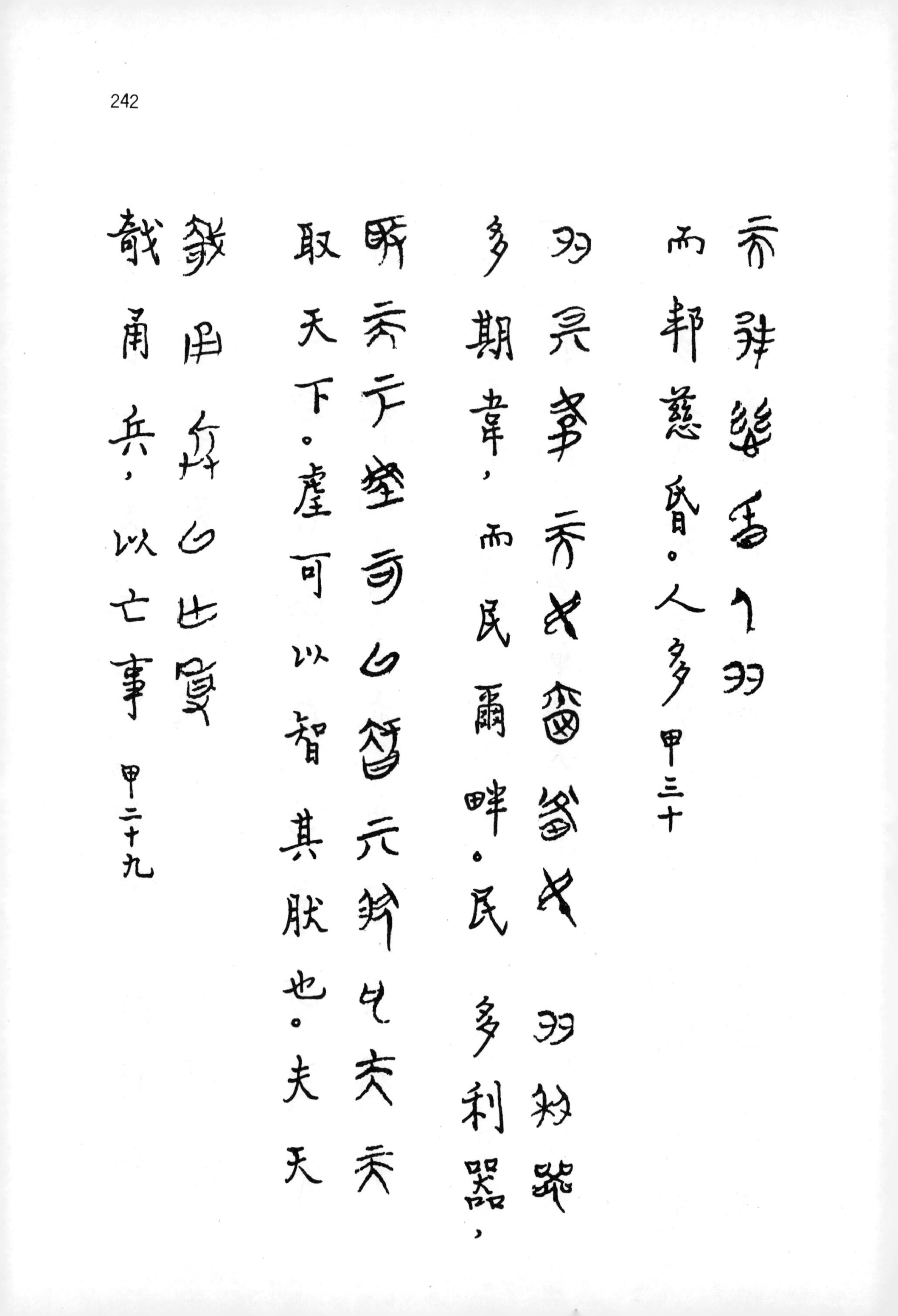

戠甬兵，以亡事 甲二十九

取天下。虗可以智其朕也。夫天

多期韋，而民爾畔。民多利器，

而邦慈昏。人多 甲三十

我亡為而民自𧌒。我好青而民

事而民自福。

甲三十一

惻多又。是以聖人之言曰：我無

智，天哉勿慈记。法勿慈章，覞

堇𥝩而捉

菫𥝩而捉　甲三十三

它弗蠚攫鳥猷獸弗扣骨溺

蟲它弗蠚，攫鳥猷獸弗扣，骨溺

含惪之厚者比於赤子蟲蠆

含惪之厚者，比於赤子。蟲蠆

自正我谷不谷而民自樸乚

自正。我谷不谷而民自樸。　甲三十二

賹生曰羕，心叓⿱既火曰強，勿⿱臧土

⿱同示，智和曰明，甲三十四

也。終日虐而不𢝊，和之至也。和曰

固，未智牝戊之合然惹，精之至

彌貝，厚藏必多貢。古智足不辱，

篙多？貴與貢篙痞？甚悉必大

新？身與貨 甲三十五

則老是胃不道。

名與身篙

智止不怠，可 甲三十六

以長舊。返也者，道僮也；溺也者

道之甬也。天下之勿生於又，生

於亡。朱而涅 甲三十七

也攻述身退天之道也

也攻述身退，天之道也。甲三十九

福喬自遺咎

福喬，自遺咎 甲三十八

保也金玉浧室莫能獸也貴

保也；金玉浧室，莫能獸也。貴

之不不若已湍而羣之不可長

之，不不若已；湍而羣之，不可長

⿰或阝=，之母可以長……乙二

不=克=則莫=智=其=亙=，可以又=

是以景是以景備，是胃……乙一

紿人事天，莫若嗇。夫唯嗇，

也。亡為而亡不為。幽學亡悳，

以至亡為 乙三

益，為道者日員＝之或員，

長生舊視之道也。學者日

⿱龍心辱若纓，貴大患若身。

人之所⿰礻畏亦不可以不⿰礻畏。人

相去可若？乙四

唯與可，相去幾可？⿱山兀與亞，

若身？虐所以又大患者，為

若纓，是胃龍辱纓。……

乙六

辱？龍為下也，得之若纓，遊之

可胃龍

乙五

下矣。 乙八

以身為天下，若可以迲天

為天下，若可以厇天下矣。悉

虐又身。及虐亡身，或可……

乙七

上士昏道，堇能行於其中=。士昏

道，若昏若亡。下士昏道，大笑

之，弗大 乙九

笑不足以為道矣。是以建

貞女愉，乙十一

辱，生恴女不足，建恴女……

道若退。上恴女浴，大白女

言又之：明道女孛，遅道……乙十

啟其兌，賽其事，終身不逨。

閟其門，賽其兌，終身不嵍，

祗聖，天象亡坓，道……

乙十二

大方亡愚，大器曼成，大音

詘大植

詘，大植　乙十四

甬不穿大攷若[亻出]大成若

甬不穿。大攷若[亻出]，大成若

夬其甬不幣大涅若中其

夬其甬不幣。大涅若中，其

大成若

大成若　乙十三

不兌，子孫以其祭祀不屯。攸

善休者

乙十五

清＝為天下定。善建者不拔，

若屈，喿動蒼，青動然，

之身亓悳乃貞攸之家亓

之身，其悳乃貞；攸之家，其

悳又舍攸

悳又舍。攸

乙十六

之向亓悳乃長攸之邦亓

之向，其悳乃長，攸之邦，其

悳乃奉攸之天下

悳乃奉。攸之天下，……

乙十七

愄之，其即柔之。信不足，安 丙一

大上下智又之，其即新譽之，其即

下觀天下。虗可以智天……乙十八

豪。以向觀向，以邦觀邦，以天

孝孶。邦象緍口，安又正臣。 丙三

道發，安又息義。六新不和，安又

社，而百告曰我自肰也。古大 丙二

又不信。猷虐其貴言也。成事述

聖之不足聞，而不可既也。丙五

淡可其無味也。視之不足見，

樂與餌，悠客止。古道……丙四

執大象，天下往＝，不不害，安坪大。

敳之是樂殺人。夫樂……

丙七

得已而用之。銛纕為上，弗媺也。

右。古曰兵者……

丙六

君子居則貴左，用兵則貴

喪豊居之也。古殺……　丙九

軍居左，上酒軍居右，言以

左，喪事上右。是以下酒　丙八

以得志於天下。古吉事上

無為，古無敗也；無執，古……丙十一

為之者敗之，執之者遊之。聖人

喪，豊居之。丙十

則以⿰忄衣悲位之；戰勳則以

新終若始，則無敗事喜。人之敗

也，亙於其戲成也敗之。是以口 丙十二

人欲不欲，不貴難得之貨，學不

學，復眾之所逃。是以能補萬勿 丙十三

之自肰，而弗敢為。丙十四

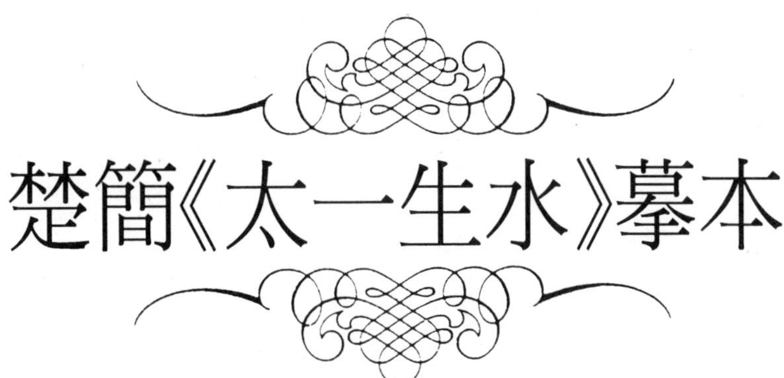

楚簡《太一生水》摹本

侌=昜=復相輔也是以成四=時=

侌=昜=復相補也，是以成四=時=。　二

也是以成神=明=復相輔也是以成

也是以成神=明=，復相補也，是以成

大一是以成陸天地

大一，是以成陸。天[陸]□□□　一

大一生水=反輔大一是以成天=反輔

大一生水，水=反補大一，是以成天，天=反補

復楠也是以成倉=然。復相楠也

是以成溼=澡=。復相楠也，成歲 三

而止。古歲者，溼澡之所生也。溼澡

者，倉然之所生也。倉然者，四時 四

水，行於時，周而或□□□□ 六

者，大一之所生也。是古大一贓於

也。神明者，天陛之所生也。天陛 五

者，侌昜之所生。侌昜者，神明之所生

智此之胃……

八

不能盡，会昜之所不能成。君子

勿經。此天之所不能殺，陞之所

七

壙勿毋。⿱羽能抉⿱羽能涅，以忌為壙

天道亦其志也青昏其名以

天。道亦其志也。青昏其名。以 十

下土也而胃之陛上既也而胃之

下，土也，而胃之陛。上，既也，而胃之

彊責於

彊，責於……

九

天道貴溺雀成者以益生者伐於

天道貴溺，雀成者以益生者，伐於

古谷亓方不思相十二

古悠其方，不思相□□□□ 十二

名古社戉不身不剔天陞名志並立

名。古社成而身不剔。天陞名志並立

身長聖人之從事也亦恠亓

身長。聖人之從事也，亦恠其 十一

道從事者必恠亓名古事戉而

道從事者必恠其名，古事成而

於上■

於上。　十四

者又余於下不足於下者又余

者，又余於下；不足於下者又余

東南丌上

東南，其上□□□□□□□　十三

於西北丌下高以強地不足於

於西北，其下高以強，陸不足於

跋

梅雨方歇，又逢小暑。從初讀郭店楚簡《老子》到寄出本書的校樣，不覺又是一年。下筆艱難，如履薄冰的日程，告一段落。等待著讀者的議論批評。因為還有更難讀的在後面，非常需要得到朋友們的指正。

感謝饒宗頤先生、王家祐先生，兩位前輩審讀了《柬釋》，並賜序教誨和鼓勵。

感謝輔仁大學丁原植教授、郭梨華副教授的敦促和幫助，沒有他們的扣擊，疏懶如我者是難以完成這本小書的。

本書多古文奇字，編輯印製繁難。謹向萬卷樓圖書公司梁錦興、許錟輝社長，向責任編輯李冀燕女士，表示衷心的謝意。

魏啓鵬

一九九九年七月八日

楚簡《老子》柬釋

著　　者：魏啓鵬
發 行 人：許鋑輝
出 版 者：萬卷樓圖書有限公司
台北市和平東路一段 67 號 14 樓之 1
電話(02)23216565・23952992
FAX(02)23944113
劃撥帳號 15624015
出版登記證：新聞局局版臺業字第 5655 號
網站網址：http://www.wanjuan.com.tw/
E　-mail：wanjuan@tpts5.seed.net.tw
承印廠商：晟齊實業有限公司
定　　價：440 元
出版日期：民國 88 年 8 月初版

ISBN 957-739-223-7